全国友の会 協力
婦人之友社 編

30人のお母さんが贈る献立
まいにち健康
おうちごはん

婦人之友社

はじめに

「今日の献立、なににしよう?」

家族の食事について考えることを、
日々悩ましく感じている人は多いかもしれません。
「なに食べたい?」と家族にリクエストを聞くのもいいけれど、
毎日というわけにはいかないでしょう。
そこでおすすめしたいのが、3日分でいいから
献立をたててみること。
少しだけ先の予定を見通して生活することです。

本書は、『Diary for simple life（主婦日記）』（小社刊）に
掲載されている「春夏秋冬の献立のヒント」がもとになって生まれました。
季節ごとに1週間分の献立が並んだ、写真のない記事ですが、
実はひそかな人気を集めるページです。

この献立づくりには、全国友の会（『婦人之友』読者の集まり）の
料理上手な方が、毎年2人ずつ協力してくださっています。
献立をたてるとき、友の会が大切にしているのは、
「1日にとりたい食品の目安の量」を知っておくこと。
そうすれば、食品の偏りや買いすぎを防ぐことができ、
自然に栄養バランスがとれて健康な生活がおくれるのです。
これまでに掲載した15年分の献立リストから、
選りすぐりの献立とおかずをまとめたのが、この本です。
一汁三菜のような王道の献立はもちろん、
カレーや焼きそばなど簡単にすませたいときのメニューも
ふんだんに紹介しました。

くたびれ気味の日であっても、
焼きそばにスープや冷奴を組み合わせてみる。
また、多めにつくった副菜をくりまわせるようにしておく。
そうすることで野菜不足を防ぎ、
豊かな食卓を囲むことができるのです。
友の会のお母さんたちが長年つくり続けてきた献立には、
家族が元気でいるための知恵と工夫が詰まっています。

今回15年分の記事をさかのぼり、
献立をつくった方たちと連絡を取ったところ、
ほとんどの方がお元気で、変わらず台所に立ち続けていました。
最高齢はなんと97歳！
野菜を中心にしたバランスのよい家庭料理を食べ続けていれば、
こんなに健康で長寿でいられるのだと確信しています。

仕事や子育て、また介護など、私たちの生活は
ますます忙しくなっています。
そんな中で、どれかひとつの献立でもいい。
つくってみると、食卓がととのったときの
幸せな気持ちを味わえるでしょう。
丁寧な暮らしをしてみたい、健康的なごはんが食べたい、
なつかしい味にふれたいと思ったとき、
この本がみなさまのお役に立てたら幸いです。

　　　　　　　　　　　　　　　　　　婦人之友社編集部

Contents

はじめに —— 2

献立のたて方
1. 何をどれくらい食べればいいの？ —— 8
2. 朝、昼、夕で考える —— 9
3. さあ、献立をたててみましょう —— 10

ワークシート わが家の目安の量を計算しましょう —— 12

1 肉・魚がメインの献立

豚肉・挽き肉

Menu 1　ワンプレートハンバーグ献立
さやえんどうとえのき茸の味噌汁／ワンプレートハンバーグ 野菜のオーブン焼き添え／
わかめとツナときゅうりのマヨネーズサラダ —— 14

Menu 2　豚こま肉の竜田焼き献立
豆腐とチンゲン菜のとろみ椀／豚こま肉の竜田焼き つぶしピーマン、キャベツ添え／
にんじんしりしり —— 18

Menu 3　ケーキ型餃子献立
わかめと玉ねぎのスープ／ケーキ型餃子／かぼちゃといりこの煮もの／
きゅうりの浅漬けキムチ風 —— 20

Menu 4　麻婆豆腐献立
わかめと春雨のスープ／麻婆豆腐／チンゲン菜のサッと炒め／甘酢漬け —— 22

鶏肉

Menu 5　鶏肉のトマト煮込み献立
鶏肉のトマト煮込み／グリーンサラダ／フルーツ —— 24

Menu 6　鶏手羽元の甘辛焼き献立
ひじきごはん／豆腐と春雨とニラのスープ／
鶏手羽元の甘辛焼き ゆで野菜添え —— 26

Menu 7　チキンのハーブ焼き献立
雑穀ごはん／青菜のスープ／チキンのハーブ焼き じゃが芋、レタス添え／
夏野菜のサワー煮 —— 28

牛肉

Menu 8　牛肉のピリ辛ソース献立
そうめん入り即席すまし汁／牛肉のピリ辛ソース レタス、トマト、玉ねぎ添え／
オクラとわかめの生姜醤油和え —— 30

Menu 9 肉じゃが献立
かき玉汁／肉じゃが／ごま酢和え／金時豆の甘煮 ——— 32

Menu 10 牛肉とごぼうの和風グラタン献立
牛肉とごぼうの和風グラタン／小松菜としめじのおひたし／
わかめのりんご酢和え ——— 34

魚

Menu 11 ぶりの照り焼き献立
大根葉の菜飯／里芋の味噌汁／ぶりの照り焼き／切り干し大根の甘酢サラダ／
にんじんゼリー ——— 36

Menu 12 鰆のチーズ焼き献立
パセリライス／ジュリアンスープ／鰆のチーズ焼きミニトマト、ブロッコリー添え／
かぼちゃのサラダ ——— 38

Menu 13 鮭のちゃんちゃん焼き献立
豆腐のすまし汁／鮭のちゃんちゃん焼き／きゅうりとちくわの酢のもの ——— 40

Menu 14 鯖の一夜干し献立
しじみの味噌汁／鯖の一夜干し／豆腐と野菜の卵とじ／きんぴら ——— 42

Menu 15 鯛のポシェ風献立
鯛のポシェ風 彩り野菜添え／ポテトサラダ／紫キャベツのザワークラウト風 ——— 44

単品　肉と魚料理 ——— 46
中華風冷しゃぶ／鶏の唐揚げ甘辛風／鯖のチリソース炒め／鰆の彩り焼き

2 ごはんものの献立

ごはんもの

Menu 16 ハヤシライス献立
ハヤシライス／フルーツサラダ／ハヤシソースのオープンサンド ——— 50

Menu 17 グリーンカレー献立
グリーンカレー／キャベツとカリカリベーコンのごまマヨ和え／
ヨーグルトゼリー ——— 54

Menu 18 豚肉の照り焼き丼献立
豚肉の照り焼き丼／切り干し大根の卵焼き／もやし、ニラ、にんじんのナムル／
かぶの甘酢漬け ——— 56

Menu 19 天津飯献立
天津飯／セロリの中華風スープ／
糸寒天ときゅうりのにんじんドレッシング ——— 58

Menu **20** 鯖缶のそぼろ丼献立
　　　　鯖缶のそぼろ丼／夏野菜汁／モロッコいんげんの炒め煮 ─── 60

Menu **21** タコライス献立
　　　　タコライス／チーズかぼちゃ／蒸し大豆と水菜のサラダ ─── 62

Menu **22** カルシウムチャーハン献立
　　　　カルシウムチャーハン／レタスのスープ／春雨と鶏ハムのサラダ ─── 64

Menu **23** 火なし寿司献立
　　　　火なし寿司／しめじと三つ葉のすまし汁／鶏しんじょの煮もの／
　　　　豆腐入りゴーヤサラダ ─── 66

単品　ごはんもの ─── 68
　　　　漬け丼／カレーピラフ／長芋とチーズのリゾット／五目おこわ

3 鍋やスープ、麺類の献立

鍋・スープ

Menu **24** 緑ちゃんこ鍋献立
　　　　緑ちゃんこ鍋／炒りなます ─── 72

Menu **25** 和風ポトフ献立
　　　　和風ポトフ／大豆とレーズンのワイン煮／小松菜とニラのごま和え ─── 76

単品　鍋・スープ ─── 78
　　　　楽々鍋／ミルクスープ／満点ポタージュ

麺

Menu **26** オイルサーディンパスタ献立
　　　　オイルサーディンパスタ／野菜とフルーツのヨーグルト和え ─── 80

Menu **27** シーフード塩焼きそば献立
　　　　シーフード塩焼きそば／卵とコーンの中華風スープ／
　　　　冷奴／じゃばらきゅうりの中華風 ─── 82

Menu **28** 打ち込みうどん献立
　　　　打ち込みうどん／さつま芋のりんご煮／わけぎの酢味噌和え ─── 84

単品　麺 ─── 86
　　　　坦々そうめん／フライパンひとつでナポリタン／スパゲッティミートソース

もち・粉もの

Menu **29** いわてのお雑煮献立
　　　　いわてのお雑煮／里芋のごま煮／きゅうりの塩昆布和え ─── 88

Menu **30** 広島風お好み焼き献立
　　　　広島風お好み焼き／甘酢ミニトマト ─── 90

4 毎日のお助け単品おかず

レシピいらずの青菜のおかず ── 94
素材ひとつのシンプル和えもの／ほかの素材と合わせる和えもの・サラダ

青菜 ── 96
ニラせんべい／小松菜と桜えびの炒めもの／小松菜と油揚げの煮びたし

芋 ── 97
じゃが芋のカレー煮／いもいもグラタン

根菜 ── 98
れんこんのあちゃら／ごぼうとりんごのサラダ／にんじんのチヂミ／根菜の五目煮

その他の野菜 ── 100
納豆サラダ／キャベツのソテー黄身ソース／なすの忘れ煮／即席漬け

きのこ ── 102
きのこのワインビネガー炒め／きのこ煮

海藻 ── 103
もずくスープ／ひじきの煮もの

豆・大豆製品・乾物 ── 104
ビーンズサラダ／おからのマヨネーズサラダ／
高野豆腐の酢のもの／切り干し大根の洋風煮

おべんとうに ── 106
鶏ハム／チキンナゲット／こんにゃくの辛煮／鶏レバーの生姜煮

スイーツ ── 108
にんじんゼリー／ヨーグルトゼリー／
いちじくの梅酒煮／簡単しっとりバナナケーキ

コラム
1 買い物から帰ったら……ちょっと手を動かして先手仕事を！ ── 48
2 ほったらかしででき上がる！ 忙しい朝におすすめ 野菜の蒸し焼き ── 70
3 かぶせておくだけ！ ふっくら保温調理の鍋帽子® ── 75
4 お母さんから届いた献立の写真 ── 110

この本の決まり

- 1カップは200㎖、大さじ1は15㎖、小さじ1は5㎖、1合は180㎖です。
- 電子レンジの加熱時間は600Wの場合です。500Wなら1.2倍の時間を目安に。メーカーや機種により加熱具合に差があるので様子をみながら加減してください。
- 食材を洗う、野菜の皮をむく、種や筋を取るなど、基本的な下ごしらえは「つくり方」から省いています。また、白いごはんやパンも「つくり方」から省いています。
- 材料の（　）内の分量は目安です。
- わかめは水でもどした量を記載しています。塩蔵は約3倍、乾燥は10～12倍に増えます。

献立のたて方 **1**

何をどれくらい食べればいいの？

いつも同じ食材ばかりになってしまったり、何を食べればいいのか迷ったりしていませんか。
一日にとりたい食品の量を知ると、買い物にも迷いが減って、栄養のバランスがとれていきます。
相模友の会の加藤憲子さんに聞きました。

● 一日にとりたい食品と目安の量（30〜49歳の女性の場合）

「私たちの体は、一日一日の食事の積み重ねでできています。毎日元気でいるためには、
さまざまな食品をバランスよくとることが大切です。とくに主食（穀類）、
たんぱく質（肉と魚、卵、豆と大豆製品）、野菜の3つを意識して」と加藤さんは言います。
中でも野菜は、主食やたんぱく質よりも多くとるイメージを持ちましょう。

穀類 240g（乾いた状態）

肉と魚 100g

卵 50g

豆と大豆製品 80g（このうち味噌9g）

牛乳など 200g
チーズ 5g

果物 150g

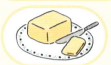

油脂 15g
砂糖 20g

青菜 60g、芋類 50g　その他の野菜、海藻　計 290g
野菜総量 400g

加藤憲子さん

POINT
野菜は、肉や魚に対して
4倍はとりましょう。
野菜400gは
「朝100、昼100、夕200」
の配分で。

POINT
肉と魚は
1:1のバランスが
ベストです。

POINT
果物の半分は、
ビタミンCが豊富な
柑橘類を。

献立のたて方 2
朝、昼、夕で考える

一日にとりたい食品の目安の量をもとに、朝、昼、夕の3食に配分してみます。

● 一日の目安の量をもとにした3食の配分例（30～49歳の女性の場合）

【単位 g】

	牛乳乳製品	卵・肉・魚	豆大豆製品	野菜	果物	穀類	油脂	砂糖
朝	牛乳など200 チーズ5	卵 50	80（味噌9含）	100	150	粉で45～50（食パンなら1枚60～70）	15（大さじ1強）	20（大さじ2強）
昼		肉・魚 30～50		100（青菜60 芋50含）		乾麺80～95（ゆで麺なら190～220）		
夕		肉・魚 50～70		200		米80～90（ごはんなら170～190）		

＊穀類は、3食のほかに菓子や調理に使う粉の量も考慮している。

●一日の献立の型紙

3食の配分例をもとに、朝、昼、夕の献立の型紙をつくっておくと、バリエーションが考えやすくなります。

朝
- トースト
- 牛乳
- チーズ入りスクランブルエッグ
- 蒸し野菜
- キウイフルーツ

牛乳・乳製品…205g
卵…50g
野菜…100g
果物…50g
食パン…1枚60～70g

昼
- スパゲッティミートソース
- 野菜と豆のサラダ
- みかん

肉・魚…30～50g
野菜…100g
豆・大豆製品…30g
果物…100g
ゆで麺…190～220g

夕
- ごはん
- 豆腐とわかめの味噌汁
- 鮭のムニエル
- キャベツのソテー
- ポテトサラダ
- 青菜のごま和え

肉・魚…50～70g
野菜…200g
豆・大豆製品…50g
ごはん…170～190g

献立のたて方 3

さあ、献立をたててみましょう

目安の量を理解してから献立をたてると、栄養バランスがよくなるばかりでなく、衝動買いやスーパーでのうろうろ買いが減り、経済的にも時間的にも余裕が生まれます。まずは、3日分の献立にトライして。

●献立づくりのステップ

STEP 1
3日先までの家族の予定をチェック。外出 or 在宅、おべんとうや給食の有無を確認し、食事づくりに使える時間も考える。

STEP 2
今ある食材とつくりおきのおかず、早く使いたいストックや冷凍品を書き出す。

STEP 3
まず、3日分の夕食の主菜を決める。朝食は"卵と野菜"など、パターン化するとよい。

STEP 4
野菜、海藻、豆製品などを組み合わせ、3日分の汁物や副菜を決める。季節感も大切に。

STEP 5
買い物メモをつくり、3日分の家族の目安の量を考えながら買い物へ。

● 加藤家の3日間の献立

「これはわが家の、ある3日間の献立。多めにつくったり、常備菜をくりまわしたりしながら献立をたてています」

	1日目	2日目	3日目
朝食	・トースト ・目玉焼き ・野菜の蒸し焼き（ブロッコリー、にんじん、かぼちゃ、玉ねぎ） ・ミルクティー ・オレンジ	・ごはん ・味噌汁（じゃが芋、わかめ、玉ねぎ） ・納豆卵焼き（青ねぎ） ・野菜の蒸し焼き（ブロッコリー、しめじ） ・にんじんときゅうりの糠漬け	・トースト ・半熟ゆで卵 ・野菜の蒸し焼き（小松菜、にんじん、さつま芋） ・玉ねぎの甘酢漬け ・ミルクティー ・バナナ 忙しい朝は"卵と野菜の蒸し焼き"と決めている→P70
昼食	・簡単まぜ寿司（根菜の五目煮、梅干し、枝豆、青じその葉、海苔） ・とろろ昆布汁 ・かぶの糠漬け 根菜の五目煮は便利な常備菜。いろいろな料理に展開できる→P99	・しらすとキャベツとトマトのパスタ（粉チーズ） ・おからのマヨネーズサラダ ・ミルクコーヒー ・キウイフルーツ おからのマヨネーズサラダは多めにつくって翌日にも→P104	・ビビンバ風ごはん（合挽き肉、にんじん、もやし、大根のナムル、きゅうり、枝豆） ・かぶと昆布の浅漬け ・黒ごまきな粉ヨーグルト
夕食	・ごはん ・味噌汁（豆腐、なめこ、長ねぎ） ・鰹のごまたたき（わかめ、玉ねぎ、トマト、青じその葉） ・おからのマヨネーズサラダ（にんじん、きゅうり、キャベツ、ハム） ・ほうれん草の柚子浸し	・ごはん ・豆腐とチンゲン菜のとろみ椀 ・豚こま肉の竜田焼き つぶしピーマン、キャベツ添え ・にんじんしりしり（卵、いりごま）　→献立はP18	・パセリライス ・ジュリアンスープ（キャベツ、にんじん、玉ねぎ、セロリ） ・鰆のチーズ焼き ミニトマト、ブロッコリー添え ・かぼちゃのサラダ（玉ねぎ）　→献立はP38

献立はきっちりたてなくてもいいですよ
スーパーのお買い得品や食品ロスコーナーの食材をみて、献立を変更してもOK。

買い物しながら献立を考えてもOK！
時間がない時は、買い物をしながら考えることもあります。

五味、五色、五法を意識して
「甘、塩、酸、苦、辛」の五味、「緑、赤、白、黒、黄」の五色、「生、煮る、焼く、蒸す、揚げる」の五法。一食の中で濃味と薄味のメリハリもつけて。

同じ食材でも調理法や味つけを変えて楽しむ
調理法が変われば、目先も変わります。

献立に困ったときの「わが家の定番献立」を決めておく
「カレーのときの副菜は海藻サラダ」など組み合わせを決めておくと迷いません。

ワークシート

わが家の目安の量を計算しましょう

この表は、一日にとりたい食品の組み合わせを、「日本人の食事摂取基準（2025年版）」に照らし合わせて、性別、年齢別に表したものです。家族それぞれの目安の量を調べて計算し、「わが家の一日の量」を把握するとよいでしょう。×3で、3日分など計算すると、買い物がしやすくなります。

食事摂取基準から考えた、一日にとりたい食品の目安の量

全国友の会・南関東部案
廃棄量を除いた正味の目方（g）

年齢・性別		牛乳・乳製品 牛乳	チーズ	卵	肉・魚	豆・大豆製品	野菜	果物	穀類	油脂	砂糖
身体活動レベルⅡ	1～2歳 男	300	5	50	40	35（味噌5含）	170（青菜30芋50含）	100	110	6	5
	女								90		
	3～5歳 男	300	5	50	50	40（味噌5）	210（青菜40芋50）	100	170	13	10
	女								150		
	6～7歳 男	300	5	50	80	60（味噌7）	310（青菜40芋50）	100	200	15	15
	女								170		
	8～9歳 男	350	10	50	110	80（味噌9）	400（青菜60芋50）	150	240	15	15
	女				100				210		
	10～11歳 男	400	10	50	130	80（味噌9）	450（青菜60芋100）	150	300	15	20
	女				110				280		
	12～14歳 男	450	10	50	140	90（味噌9）	460（青菜70芋100）	150	360	25	25
	女	350			120	80（〃）			330		
	15～17歳 男	400	10	50	150	90（味噌9）	460（青菜70芋100）	150	410	30	25
	女	350			120	80（〃）			300	25	
身体活動レベルⅠ	18～29歳 男	300	10	50	120	80（味噌9）	400（青菜60芋50）	150	360	20	20
	女	200	5		100				240	15	
	30～49歳 男	300	5	50	120	80（味噌9）	400（青菜60芋50）	150	360	20	20
	女	200			100				240	15	
	50～64歳 男	300	5	50	120	80（味噌9）	400（青菜60芋50）	150	340	20	20
	女	200			100				220	15	
	65～74歳 男	300	5	50	120	80（味噌9）	400（青菜60芋50）	150	310	15	20
	女	200			100				200	13	
	75歳以上 男	300	5	50	120	80（味噌9）	400（青菜60芋50）	150	250	15	20
	女	200			100				170	12	

＊身体活動レベルⅠは、1日の大半を座位で生活して筋肉運動をしていない状態、Ⅱは標準的な生活で、歩行や立位での活動が多い状態です。穀類の重さは米、乾麺、粉のように乾いた状態のものです。

わが家の一日の目安の量
家族の目安の量を書き込み、一日の量を計算してみましょう。

名前	食品	牛乳・乳製品 牛乳	チーズ	卵	肉・魚	豆・大豆製品	野菜	果物	穀類	油脂	砂糖
合計											

1

子どもも大人も大好きな肉料理や
旬の魚を使った料理は、
家庭料理の主役です。
お母さんたち自慢の
「わが家の定番」メニューと、
色とりどりの副菜の組み合わせを
紹介します。

肉・魚がメインの献立

Menu 1

豚肉・挽き肉

- ごはん
- さやえんどうとえのき茸の味噌汁
- ワンプレートハンバーグ 野菜のオーブン焼き添え
- わかめとツナときゅうりのマヨネーズサラダ

ワンプレート
ハンバーグ 献立

大きな肉だねと野菜を一緒にのせてオーブンで焼くだけ。
簡単なのに、でき上がりはとても華やかです。
焼き上がったハンバーグは、切り分けながらいただきます。

（八戸友の会　村田夫紀子）

ワンプレートハンバーグ
野菜のオーブン焼き添え

● **材料**
（直径24cmのパイ皿または耐熱皿）
合挽き肉 … 400g
玉ねぎ … 1/2個（100g）
A｜卵 … 1個
　｜パン粉 … 1カップ（40g）
　｜牛乳 … 50mℓ
　｜塩 … 小さじ1弱
　｜胡椒、ナツメグ（パウダー）… 各適量
油 … 適量
つけあわせ
ズッキーニ … 1本
パプリカ（赤）… 1個
じゃが芋 … 中3個
B｜オリーブオイル … 大さじ1
　｜塩 … 少々

ソース
｜ハンバーグの焼き汁 … 大さじ1
｜トマトケチャップ、中濃ソース
｜　… 各大さじ3

● **つくり方**
1 玉ねぎはみじん切りにして油で炒め、冷まします。ボウルに挽き肉、玉ねぎ、**A**を入れてよくまぜ、15分休ませる。
2 ズッキーニは2cm厚さの輪切り、パプリカは8等分、じゃが芋は1個を1/4に切り、すべてを**B**で和えておく。
3 パイ皿に油を薄く塗って**1**を入れ、真ん中をくぼませながら平らにのばし、表面にも油を塗る。
4 天板に**3**をのせてまわりに**2**を並べ、200℃に温めたオーブンで15分ほど焼く。
5 パイ皿から取り出し、つけあわせと盛りつけ、ソースの材料を合わせて好みでかける。
＊ハンバーグは四角に切っておべんとうにも。
＊ローズマリーなどのハーブを添えても。

豚肉・挽き肉

わかめとツナときゅうりの マヨネーズサラダ

● 材料（4人分）
わかめ（水でもどしたもの）…50g
ツナ缶…1缶（70g）
きゅうり…1本（120g）
マヨネーズ…大さじ2
いりごま…大さじ1
塩、胡椒…各少々

● つくり方
1 ツナは汁けをきり、わかめは食べやすい大きさに、きゅうりは薄い輪切りにする。
2 ボウルに**1**とマヨネーズ、いりごまを入れてまぜ、塩、胡椒で味をととのえる。

さやえんどうと えのき茸の味噌汁

● 材料（4人分）
さやえんどう…12枚
えのき茸…1袋（200g）
だし…600㎖
味噌…大さじ2

● つくり方
1 えのき茸は半分に切ってほぐす。
2 鍋にだし、さやえんどうと**1**を入れ、ひと煮立ちしたら味噌をとく。

段取りメモ
1 ハンバーグの玉ねぎを炒め、冷ましている間につけあわせの野菜を切る。
2 肉だねをつくって休ませ、その間に味噌汁をつくる。
3 ハンバーグをオーブンで焼き、その間にサラダをつくる。

Menu 2

- ごはん
- 豆腐とチンゲン菜のとろみ椀
- 豚こま肉の竜田焼き
- つぶしピーマン、キャベツ添え
- にんじんしりしり

豚こま肉の竜田焼き 献立

メインの一皿は、肉と野菜をフライパンひとつで仕上げます。
にんじんしりしりはつくりおき、おべんとうの彩りにしても。
豆腐に片栗粉をまとわせたとろみ椀は、
豆腐をおいしくいただく一品です。

（相模友の会　加藤憲子）

豚こま肉の竜田焼き
つぶしピーマン、キャベツ添え

●材料（4人分）
豚こま切れ肉…350g
A｜ 醤油…大さじ1 1/2
　　 砂糖、酒…各大さじ1
　　 生姜汁…小さじ1
小麦粉または片栗粉…大さじ2
油…大さじ2
つけあわせ
ピーマン…8個（大きい場合は4個でも）
キャベツ…4枚（200g）
B｜ 醤油、みりん…各小さじ2
けずり節…適量

●つくり方
1　豚肉にAをもみ込んでおく。
2　キャベツは5cm角に切る。
3　1に小麦粉または片栗粉をまぜ、フライパンに油を熱し、豚肉をひと口大に丸めながら入れる（丸めずほぐしながら炒めてもよい）。
4　途中、裏返して火が通るまで焼き、器にとる。
5　4のフライパンに、へたつきのまま丸ごと握りつぶしたピーマンを並べて火をつけ、フライパンよりひと回り小さいふたで押さえながら焼く。ときどき箸で返し、全体に焼き色がついたらキャベツを加え、水大さじ1（分量外）を注いでふたをし、蒸し焼きにする。
6　ピーマンとキャベツがやわらかくなったらBを加え、けずり節をふり入れてまぜる。
7　器に豚肉と野菜を盛りつける。
＊鶏肉でつくってもおいしい。

にんじんしりしり

●材料（つくりやすい分量）
にんじん…大1本（200g）
ごま油…小さじ2
A｜ 酒、醤油、みりん、砂糖…各小さじ2
卵…1個
いりごま…小さじ2

●つくり方
1　にんじんは4～5cm長さの細切りにする。
2　フライパンにごま油を熱し、1を炒める。
3　しんなりしたらAを入れてまぜ、といた卵をまわしかけ、火が通ったらごまをふってまぜる。
＊味つけはめんつゆでも。

豆腐とチンゲン菜のとろみ椀

●材料（4人分）
絹ごし豆腐…1丁（300g）
チンゲン菜…1株（100g）
だし…600mℓ
塩…小さじ2/3
醤油…小さじ1
片栗粉…大さじ2～3

●つくり方
1　チンゲン菜は茎と葉に切り分け、茎は繊維にそって1cm幅に切り、葉は繊維に垂直になるよう3cm幅に切る。豆腐は12等分に切る。
2　鍋にだしを入れて火にかけ、塩、醤油を加え、すまし汁をつくる。
3　2にチンゲン菜を入れ、火にかける。
4　チンゲン菜がやわらかくなったらバットに片栗粉を入れ、豆腐を転がしてまぶしながら3にそっと入れる。
5　豆腐が温まり、汁にとろみがついたら椀に盛る。

段取りメモ
1　豚肉に下味をつけている間ににんじん、キャベツ、チンゲン菜を切り、にんじんしりしりをつくる。
2　とろみ椀の3までおこない、竜田焼きとつけあわせをつくる。
3　とろみ椀はいただく直前に仕上げる。

ケーキ型餃子

● **材料**（直径26cmのフライパン）
餃子の皮…18枚
合挽き肉…150g
キャベツ…4枚（200g）
ニラ…1束（100g）
卵…1個
にんにく（みじん切り）…1片
油…大さじ2
A ｜ 塩…小さじ1/2
　｜ ごま油…小さじ1
　｜ 胡椒…少々
水…40mℓ

● **つくり方**
1　キャベツとニラはゆでてしぼり、粗みじんに切る。
2　ボウルに挽き肉とAを入れ、よくまぜたら1、にんにく、卵を入れ、さらによくまぜ合わせる。
3　フライパンに油を入れ、餃子の皮8枚をずらしながら丸く敷きつめ、真ん中に1枚敷いて隙間をなくす。
4　2をのせて平らにのばし、上に残りの餃子の皮を同様に並べて中火の弱にかける。
5　4〜5分焼き、焼き色がついたら水をフライパンのふちからまわし入れ、ふたをして4〜5分蒸し焼きにする。
6　ふたを取って強火で水分をとばし、フライ返しでひっくり返して1〜2分焼く。
7　大皿に盛り、包丁で8等分に切り分ける。

きゅうりの浅漬けキムチ風

● **材料**（4人分）
きゅうり…2本（200〜250g）
キムチの素…50mℓ

● **つくり方**
1　きゅうりは1cm厚さの斜め切りにしてポリ袋に入れ、キムチの素を入れてまぜ合わせる。
2　袋の空気を抜いて口をしばり、冷蔵庫に入れて半日ほどおく。

わかめと玉ねぎのスープ

● **材料**（4人分）
わかめ（水でもどしたもの）…40g
玉ねぎ…小1個（150g）
白すりごま…大さじ1
水…600mℓ
コンソメスープの素…大さじ1強
塩、胡椒…各少々

● **つくり方**
1　わかめはひと口大、玉ねぎは薄切りにする。
2　鍋に水と玉ねぎを入れて沸かし、スープの素とわかめを入れ、塩、胡椒で味をととのえる。
3　器に盛り、すりごまをふる。

かぼちゃといりこの煮もの

● **材料**（4人分）
かぼちゃ…1/4個（250〜300g）
いりこ（またはけずり節）…10g
砂糖…小さじ2
醤油…大さじ1

● **つくり方**
1　かぼちゃは大きめに切り、いりこは頭と腹わたを取る。
2　鍋に1を入れ、ひたひたの水を加えて火にかける。
3　砂糖と醤油を入れ、沸騰したら弱火にし、15分ほど煮る。

段取りメモ
1　きゅうりの浅漬けは前もってつくっておく。
2　かぼちゃを煮ている間にスープをつくる。
3　餃子は一気につくって焼き立てをいただく。

| Menu 3 | 豚肉・挽き肉 |

- ごはん
- わかめと玉ねぎのスープ
- ケーキ型餃子
- かぼちゃといりこの煮もの
- きゅうりの浅漬けキムチ風

ケーキ型餃子 献立

皮で包む手間を省いた大きな餃子。
皮はパリッと香ばしく、
卵でつないだ餡はこぼれることもありません。
いりこと煮るかぼちゃは意外なおいしさです。

（久留米友の会　古賀サワ子）

麻婆豆腐

● **材料**（4人分）
豆腐…2丁（600g）
豚挽き肉…200g
A｜酒…大さじ1／砂糖…小さじ1
B｜長ねぎ（みじん切り）…1/4本分
　｜生姜（みじん切り）…大さじ1
　｜にんにく（みじん切り）…小さじ2
油…大さじ2
豆板醤…小さじ1〜2
C｜砂糖…小さじ2
　｜赤味噌（ほかの味噌でも）…大さじ2
　｜醤油…大さじ1〜2
　｜酒…大さじ3
水…300㎖
鶏がらスープの素…小さじ1 1/2
片栗粉…大さじ1弱（倍量の水でとく）
胡椒…少々
ごま油…小さじ2

● **つくり方**
1 豆腐は水きりし、1.5cm角に切る。挽き肉に**A**で下味をつける。**C**を合わせておく。
2 鍋に油を熱し、**B**を入れて弱火で炒める。香りが出たら中火にし、挽き肉を加え、色が変わったら豆板醤を入れてからめ、**C**を加えてまぜる。
3 水とスープの素を加えてまぜ、豆腐も加えて少し煮込む。
4 水どき片栗粉を少しずつ入れてとろみをつけ、仕上げに胡椒、ごま油をふる。

チンゲン菜のサッと炒め

● **材料**（4人分）
チンゲン菜（小松菜でも）…3〜4株（300〜350g）
油…大さじ1
塩…小さじ1
A｜酒…大さじ1／水…大さじ3

● **つくり方**
1 チンゲン菜を食べやすい大きさに切る。
2 フライパンに油を熱し、**1**を入れ（先に茎、葉は少し後）、塩をふり入れて炒める。
3 油がまわったら**A**を加えてまぜ、ふたをして蒸し煮にする。火が通ったらざるに上げて水けをきる。

わかめと春雨のスープ

● **材料**（4人分）
わかめ（水でもどしたもの）…30g
春雨（乾）…30g
長ねぎ（みじん切り）…適量
水…800㎖
鶏がらスープの素…大さじ1 1/3
酒…大さじ1
塩…小さじ1弱

● **つくり方**
1 春雨は袋の表示通りにもどして食べやすい大きさに切り、わかめも食べやすい大きさに切る。
2 鍋に湯を沸かし、スープの素、酒、塩を入れて味をととのえ、**1**を加えてひと煮立ちさせたら長ねぎを加える。
＊具材を卵、トマト、きのこ類などに変えても。

甘酢漬け

● **材料**（つくりやすい分量）
かぶ（大根）、にんじん、きゅうり、セロリ、パプリカなど…合わせて500g
切り昆布、赤唐辛子（輪切り）…各適量
A｜酢…大さじ3
　｜砂糖…大さじ1 1/2
　｜塩…小さじ1

● **つくり方**
1 野菜はそれぞれ6〜7mm角4cm長さの棒状に切る。
2 保存容器に**1**、切り昆布、赤唐辛子、**A**を入れ30分以上漬ける。
＊冷蔵庫で3〜4日ほど保存できる。

段取りメモ
1 甘酢漬けをつくって冷蔵庫へ。
2 スープをつくる。
3 豆腐を水きりし、青菜を炒めた後、麻婆豆腐を一気に仕上げる。

豚肉・挽き肉

Menu 4

- ごはん
- わかめと春雨のスープ
- 麻婆豆腐
- チンゲン菜のサッと炒め
- 甘酢漬け

麻婆豆腐 献立

季節を問わず人気の麻婆豆腐。
挽き肉入りの麻婆ソースは、まとめてつくっておくと時短に。
麻婆なすや、もやしとニラと春雨の麻婆など、アレンジ自在です。

（倶知安友の会　奈良銘子）

鶏肉のトマト煮込み

●**材料**（4人分）

鶏もも肉（唐揚げ用でも）…400g
A | 塩…小さじ 1/2
　 | 粗挽き黒胡椒…少々
小麦粉…大さじ3
にんにく（みじん切り）…大さじ 1/2
油…大さじ2
バター…大さじ1（12g）
玉ねぎ…1個（200g）
ピーマン…2個（80g）
パプリカ（赤）…1/2個（80g）
しめじ…1/2袋（50g）
マッシュルーム…1パック（100g）
ホールトマト水煮缶（カットでも）…1缶（400g）
ベイリーフ…1枚
白ワイン…100㎖
塩…小さじ 1/2〜1
粗挽き黒胡椒…適量（多めに）

●**つくり方**

1 鶏もも肉は大きめのひと口大に切り、**A**をまぶしてから小麦粉をつける。厚手の鍋、またはフライパンに油とバターを入れて弱火にかけ、少し温まったら鶏肉の皮目を下にして並べ、弱火で気長にこんがりと両面に焼き色をつける。

2 玉ねぎは8等分のくし切り、ピーマンは縦に4等分、パプリカも縦8等分に切る。しめじは小房に分ける。

3 **1**が焼けたら器に取り出し、鍋をそのまま中火にしてにんにくと玉ねぎを入れて炒める。

4 玉ねぎが透き通ったら、ベイリーフ、ピーマン、パプリカを入れ、全体に油がまわったところに白ワインを入れる。アルコール分をとばして弱火にする。

5 しめじ、マッシュルームを入れて5分ほど煮る。

6 トマト缶をつぶしながら加え、鶏肉をもどし入れ、塩と胡椒で味をととのえる。焦げつかないよう鍋底をへらなどでこすりながら、弱火で10〜15分煮込む。

グリーンサラダ

●**材料**（4人分）

リーフレタス…4枚（50g）
きゅうり…1本
セロリ…1/3本（30g）
ベビーリーフ…30g

ドレッシング
　酢、オリーブオイル…各大さじ1
　塩…小さじ 1/4
　胡椒…少々
　玉ねぎ（みじん切り）…大さじ 1/2
　ねり辛子…（好みで）適量

●**つくり方**

1 リーフレタスはひと口大にちぎる。きゅうりは薄い輪切り、セロリは薄い短冊切りにする。

2 ドレッシングの材料をまぜる。

3 **1**とベビーリーフをさっと合わせて器に盛りつけ、**2**をかける。

段取りメモ

1 トマト煮込みの鶏肉をフライパンで焼いている間に野菜を切る。

2 鶏肉を煮込んでいる間にサラダをつくる。

鶏肉のトマト煮込み 献立

鶏肉のトマト煮込みのレシピはたくさんありますが、自分なりに工夫を重ね、炒めて10分煮込むだけのこのレシピにたどり着きました。

（浜松友の会　杉山玉枝）

鶏肉

Menu 5

- パン
- 鶏肉のトマト煮込み
- グリーンサラダ
- フルーツ

鶏手羽元の甘辛焼き 献立

Menu 6
- ひじきごはん
- 豆腐と春雨とニラのスープ
- 鶏手羽元の甘辛焼き ゆで野菜添え

パンチの効いた甘辛いたれが、ゆでた野菜にもよく合います。
素材の味をいかしたひじきの煮ものをごはんにまぜ、
スープには海苔をのせて海藻をとる工夫をします。

（加古川友の会　加藤瑞枝）

鶏手羽元の甘辛焼き

●**材料**（4人分）
鶏手羽元…12本
にんにく（つぶす）…1片
赤唐辛子…1本
A｜醤油、酒…各80㎖
　｜砂糖…大さじ1 1/2
　｜胡椒…少々
油…大さじ2
ごま油…少々

●**つくり方**
1 鶏手羽元は塩（分量外）でよくもんでから流水で洗い、キッチンペーパーで水分を拭き取り、骨にそって包丁で1本切り込みを入れる。
2 Aは合わせておく。
3 フライパンに油を熱してにんにくを入れ、香りが立ったら赤唐辛子を加え、**1**の皮目を下にして並べ、中火で3〜4分焼きつける。
4 箸で手羽元を転がし表面に焼き色がついたら中火にし、ふたをして8〜10分蒸し焼きにする。
5 Aを加えて味をからめ、最後に鍋肌からごま油を加えて香りをつける。

ゆで野菜

●**材料**（4人分）
じゃが芋…2個（250ｇ）
キャベツ（4〜5㎝角に切る）…3枚（150ｇ）
れんこん（薄切り）…200ｇ

●**つくり方**
1 じゃが芋は1個を4つに切って鍋に入れ、かぶるくらいの水を入れて強火にかける。沸騰したら火を弱めて竹串がすっと通るまでゆで、水けをしっかりきる。
2 鍋に湯を沸かし、キャベツとれんこんをゆで、ざるにとって水けをきる。
＊じゃが芋は一度に3〜4個ゆでて冷蔵保存しておくと、ジャーマンポテトやソテーがすぐできる。

ひじきごはん

●**材料**（4人分）
ひじきの煮もの…90ｇ（つくり方はP103）
ごはん…700ｇ

●**つくり方**
ボウルにごはんとひじきの煮ものを入れ、さっくりまぜる。

豆腐と春雨とニラのスープ

●**材料**（4人分）
木綿豆腐…1/2丁（150ｇ）
春雨（乾）…40ｇ
ニラ…1束（100ｇ）
水…800㎖
生姜（つぶす）…1片
固形スープの素…1個
塩、胡椒、醤油…各少々
焼き海苔（全型）…1枚

●**つくり方**
1 豆腐は水きりし、幅5㎜長さ5㎝の細切りにし、ニラは5㎝長さに切る。
2 春雨は長ければ10㎝ほどに切って袋の表示通りにもどし、ざるにとって水けをきる。
3 鍋に水と生姜を入れて沸かし、煮立ったら生姜を取り出す。
4 スープの素、春雨、豆腐を入れ、春雨がやわらかくなったら塩、胡椒、醤油で味をととのえる。
5 食べる直前にニラを入れ、まぜずにひと煮立ちしたら器に盛る。
6 胡椒をふり、食卓に運んでからキッチンばさみで切った海苔をのせる。

鶏肉

段取りメモ
1 スープの豆腐を水きりし、春雨はもどしておく。
2 手羽元の下準備をし、つけあわせの野菜をゆでる。
3 手羽元を蒸し焼きしている間にスープをつくる。
4 ひじきごはんはいただく直前にごはんとひじき煮をまぜる。

チキンのハーブ焼き 献立

鶏むね肉でつくるハーブ焼きは、
焼き立てふわふわを召し上がれ。
夏野菜のサワー煮は、ひとつの鍋に
野菜と調味料を入れて煮るだけです。

（仙台友の会　大村あけみ）

Menu 7

- 雑穀ごはん
- 青菜のスープ
- チキンのハーブ焼き じゃが芋、レタス添え
- 夏野菜のサワー煮

チキンのハーブ焼き
じゃが芋、レタス添え

●材料（4人分）
鶏むね肉…1枚（350g）
塩…小さじ1弱
胡椒…ふたふり
ローズマリーやパセリ（ドライでも）…小さじ1強
オリーブオイル…大さじ2
つけあわせ
じゃが芋…2個（200g）
レタス（ちぎる）…2〜3枚

●つくり方
1　鶏肉を4つに切り分け、厚みが均等になるように切り込みを入れて開く。フォークで穴をあけ、塩、胡椒をふり、粗みじん切りしたハーブをまぶす。
2　じゃが芋は縦半分に切ってくし切りにし、電子レンジに1〜2分かける。
3　フライパンにオリーブオイルを熱し、鶏肉の皮目を下にして並べ、じゃが芋をまわりにおく。中火で5分、裏返してふたをして3分ほど焼く。
4　器に盛り、鶏肉は切り分けながらいただく。

雑穀ごはん

●材料（4人分）
米…2合
雑穀…大さじ2

●つくり方
米に好みの雑穀を混ぜ、普通に水加減する。水大さじ2（分量外）を足して炊飯する。

段取りメモ
1　雑穀を米にまぜて炊く。
2　サワー煮とスープの材料を切る。
3　サワー煮を煮ている間に
　　ハーブ焼きの**1**、**2**をおこなう。
4　ハーブ焼きを焼いて、
　　その間にスープをつくる。

夏野菜のサワー煮

●材料（1単位）
かぼちゃ…1/8個
トマト…1個
玉ねぎ…小1個
なす…2本
セロリ…1/2本
パプリカ（赤）…1個
ピーマン…1個
＊野菜は合わせて800g
ベーコン…3枚
塩、砂糖…各小さじ1
酢…大さじ1 1/2
バター…10g

●つくり方
1　かぼちゃは皮つきのまま3cmの角切り、トマト、玉ねぎは3cmのざく切り、なすは乱切り、セロリは斜め薄切り、パプリカとピーマンは3cmの角切り、ベーコンは2cm幅に切る。
2　ピーマン以外のすべての材料と調味料、バターを厚手の鍋に入れる。最初は強火、煮立ったら弱火にし、ふたをして15分蒸し煮にする。
3　ピーマンを入れ、軽くまぜ、火を通す。

青菜のスープ

●材料（4人分）
青菜（つるむらさき、チンゲン菜、小松菜など）
　…100g
にんにく、生姜（各みじん切り）…各1片
油…小さじ1
水…600mℓ
コンソメスープの素…小さじ2
A｜酒…大さじ1
　｜塩…小さじ1/3
　｜醤油…少々

●つくり方
1　青菜はざく切りにし、茎と葉に分ける。
2　鍋に油を熱し、にんにく、生姜を炒めて香りが出たら、**1**を茎、葉の順で加え、さっと炒める。
3　水とスープの素を入れ、**A**で味をととのえる。

鶏肉

牛肉のピリ辛ソース
レタス、トマト、玉ねぎ添え

●**材料**（4人分）
牛薄切り肉…200〜250g
塩、胡椒…各少々
油…大さじ1弱
バター…5g
ピリ辛ソース
　長ねぎ、生姜（各みじん切り）…各大さじ1
　白すりごま、酢、酒、ごま油…各大さじ1
　醤油…大さじ2
　豆板醤…小さじ$1/2$
　砂糖…大さじ1弱
つけあわせ
レタス、トマト、玉ねぎ…合わせて200g

●**つくり方**
1　肉に塩、胡椒をふっておく。
2　ピリ辛ソースの材料を合わせておく。
3　レタスとトマトはひと口大、玉ねぎは薄切りにする。
4　フライパンに油を熱し、バターを入れ、肉をほぐしながら加えて香ばしく焼く。
5　器に野菜と肉を形よく盛りつけ、**2**をかける。
＊肉はステーキ用に変えて好みの時間で焼き、そぎ切りにすると、1枚でもボリュームが出てご馳走に。

そうめん入り即席すまし汁

●**材料**（4人分）
熱湯（そうめんのゆで汁）…800㎖
そうめん…$1/2$把
梅干し（4つにちぎる）…大1個
焼き海苔（全型）…$1/4$枚

●**つくり方**
1　湯を沸かし、そうめんをゆでる。ゆで汁はとっておく。
2　椀にそうめん、梅干しを盛りつけ、**1**のゆで汁を注いで海苔をちぎりながらのせる。
＊梅干しをほぐしながらいただく。醤油少々を落としてもよい。
＊塩味はゆで汁の塩分を利用。

オクラとわかめの生姜醤油和え

●**材料**（4人分）
オクラ…8〜10本
わかめ（水でもどしたもの）…40g
A　生姜（すりおろし）…大さじ1
　　醤油、酢…各大さじ1

●**つくり方**
1　オクラは塩少量（分量外）をふって板ずりする。さっとゆで、冷水にとって水けをきり、7〜8㎜幅の小口に切る。わかめはひと口大に切る。
2　**1**を合わせて器に盛り、まぜ合わせた**A**をかける。

段取りメモ
1　和えもの、ピリ辛ソースを先に仕上げる。
2　つけあわせの野菜を用意する（夏季は冷蔵庫へ）。
3　すまし汁（夏季は冷やしてもよい）をつくり、牛肉を手早く焼く。

Menu 9

- ごはん
- かき玉汁
- 肉じゃが
- ごま酢和え
- 金時豆の甘煮

肉じゃが 献立

だしと醤油がほんのり香る上品な肉じゃが、
酢のものと甘煮の副菜で、いろいろな味を楽しめます。
金時豆の甘煮は多めにつくって冷凍しても。

（奈良友の会　真弓和子）

肉じゃが

●材料（4人分）
牛薄切り肉…200g
じゃが芋…4個（400g）
玉ねぎ…1 1/2個（300g）
にんじん…小1本（100g）
さやいんげん…1袋（70g）
油…大さじ1～2
A｜だし、または水…400㎖
　｜砂糖、みりん…各大さじ1
　｜酒…大さじ2
　｜醤油…大さじ4

●つくり方
1　じゃが芋はひと口大、玉ねぎはくし形、にんじんは小さめの乱切りにする。さやいんげんは塩ゆでにし5㎝長さ、牛肉は5㎝幅に切る。
2　鍋を中火にかけて油を熱し、じゃが芋、にんじんを入れる。油がまわったら玉ねぎを入れて炒める。
3　牛肉をほぐして入れ、色が変わるまで炒める。
4　Aを加え、煮立ってきたらアクを取り、落としぶたをして中火で15分ほど煮る。
5　器に盛り、さやいんげんを添える。

ごま酢和え

●材料（4人分）
グリーンアスパラガス…1束（100g）
キャベツ…3枚（150g）
塩…少々
わかめ（水でもどしたもの）…30g
いりごま…大さじ2
A｜醤油、酢、みりん、水…各大さじ1
　｜砂糖…小さじ1/4

●つくり方
1　グリーンアスパラガスは5㎝長さ、キャベツは3㎝のざく切りにする。
2　鍋に湯を沸かし、塩を入れて1をゆでる。ゆで上がる直前にわかめを入れ、ざるに上げてしぼる。
3　ごまの半量とAをまぜる。
4　食べる直前に2と3をまぜ合わせ、器に盛ってから残りのごまを散らす。

かき玉汁

●材料（4人分）
卵（といておく）…1個
三つ葉…1束
だし…600㎖
A｜塩…小さじ1/2
　｜薄口醤油…小さじ1
片栗粉…小さじ1（倍量の水でとく）

●つくり方
1　三つ葉は2㎝長さに切る。
2　鍋にだしを煮立ててAで味をつけ、水どき片栗粉でとろみをつける。とき卵を少し高い所から流し入れ、三つ葉を散らし、火を止める。
3　ふたをしてしばらく蒸らしてから、椀に盛る。

金時豆の甘煮

●材料（つくりやすい分量）
金時豆（乾）…200～250g
A｜砂糖…150～180g
　｜塩…小さじ1/4
　｜醤油…小さじ1

●つくり方
1　鍋に豆とかぶるくらいの水を入れて火にかける。
2　煮立ったらゆで汁を捨てて水を替え、落としぶたをして、弱火でやわらかくなるまで時々差し水をしながら煮る（1時間～1時間15分）。
3　豆がやわらかくなったらAを加える。汁けが少なくなったら火を止め、ふたをしてしばらくおく。

●鍋帽子（P75）でつくる場合
1　鍋に豆と3倍の水を入れて火にかける。
2　煮立ったらゆで汁を捨て、水800㎖を加えて火にかけ、沸騰後中火で5～10分煮て火から下ろす。
3　鍋帽子をかぶせて2時間おく。
4　Aを入れてひと煮立ちさせ（かたかったら10～15分中火にかける）、鍋帽子をかぶせて2時間おく。

> **段取りメモ**
> 1　金時豆を煮る。
> 　　前もってゆでておくとよい。
> 2　肉じゃがを煮込んでいる間に、
> 　　ごま酢和えとかき玉汁をつくる。

牛肉

Menu 10

- ごはん
- 牛肉とごぼうの和風グラタン
- 小松菜としめじのおひたし
- わかめのりんご酢和え

牛肉とごぼうの和風グラタン 献立

ホワイトソースを使わない簡単グラタンは、
リクエストが多い人気作です。
おひたし、りんご酢和えなど
さっぱりしたおかずを組み合わせて。

（神戸友の会　下村淳子）

牛肉とごぼうの和風グラタン

● **材料**（直径18〜20cmの耐熱皿）
牛薄切り肉…150g
ごぼう…1本（150g）
A | だし…100ml
　| 醤油…大さじ1 1/2
　| 砂糖…大さじ1
　| 酒…小さじ1
卵…2個
生クリーム…100ml
ピザ用チーズ…1カップ（100g）
青ねぎ（小口切り）…適量

● **つくり方**
1　ごぼうはささがきにしてやわらかくゆで、水けをきる。牛肉はひと口大に切る。
2　鍋にAを入れ、1を加えて中火にかけ、煮汁が少し残るまで煮る。
3　ボウルに卵をときほぐし、生クリームと2の煮汁を加える。
4　耐熱グラタン皿に油またはバター（分量外）を薄く塗り、2を入れ、3をまわしかけてチーズをのせる。
5　230℃に温めたオーブンで10〜13分焼く。
6　焼き上がったら青ねぎを散らす。

段取りメモ
1　グラタンの4まで用意。
2　オーブンを予熱する。
3　グラタンを焼いている間に
　　おひたし、りんご酢和えの順でつくる。
4　青ねぎを散らしてグラタンを仕上げる。

小松菜としめじのおひたし

● **材料**（4人分）
小松菜（春菊でも）…1束（180g）
しめじ（エリンギや生椎茸でも）…1袋（100g）
塩、酒…各少々
A | だし…200ml
　| 薄口醤油…小さじ1 1/2
　| みりん…小さじ1
　| 塩…小さじ1/5

● **つくり方**
1　小松菜はゆでて冷水にとり、3cm長さに切る。
2　しめじは小房に分ける。アルミホイルにのせて塩、酒をふり、魚焼きグリルで焼く。
3　鍋にAを入れて温め、2を加えてさっと煮る。煮汁ごと冷まし、1を加えて味をふくませる。
4　器に盛りつけ、煮汁も少しかける。
＊しめじは焼くことで香りよく、うま味が凝縮されて水っぽくなりにくい。

わかめのりんご酢和え

● **材料**（4人分）
わかめ（水でもどしたもの）…40g
きゅうり…1本（80g）
玉ねぎ…1/4個（50g）
りんご…1/2個（150g）
A | 酢…大さじ1
　| 砂糖…小さじ2
　| 塩…小さじ1/5
　| 薄口醤油…小さじ1

● **つくり方**
1　わかめは熱湯にくぐらせ、冷水にとってひと口大に切る。きゅうりは薄い輪切りにして塩（分量外）をまぶし、しんなりしたらさっと水にくぐらせしぼる（塩1％相当）。
2　玉ねぎは薄く切り、水にさらしてしぼる。
3　りんごは飾り用に少し細切りにし、残りはすりおろす。
4　ボウルにAとすりおろしたりんごを入れ手早くまぜ、1、2を入れて和える。
5　器に盛り、細切りりんごをのせる。

牛肉

ぶりの照り焼き

● **材料**（4人分）
ぶり … 4切れ（1切れ70〜80g）
塩 … 小さじ $1/4$（魚の0.5％）
小麦粉 … 小さじ2
油 … 大さじ2〜3
大根おろし … 160g／青じその葉 … 4枚
たれ
| 醤油 … 大さじ3
| みりん … 大さじ2
| 砂糖、酒 … 各大さじ1

● **つくり方**
1 ぶりは塩をしてしばらくおく。
2 **1**の水けをさっとキッチンペーパーで拭いて、茶こしを通して小麦粉を薄くつける。
3 フライパンに油を熱し、表になる面から中火で焼く。焼き色がついたら裏も焼き、器に取り出す。
4 フライパンを拭いて、合わせたたれを入れる。たれが泡立ったところに**3**をもどし入れ、フライパンをゆすりながら両面にからめる。
5 器に盛り、大根おろしと青じその葉を添える。

大根葉の菜飯

● **材料**（4人分）
米 … 2カップ
水 … 480㎖
酒 … 大さじ2
だし昆布 … 5㎝角
大根葉（青菜）… 200g
塩 … 3g

● **つくり方**
1 米は普通の水加減で、酒、昆布を加えて炊く。
2 大根葉は塩少々（分量外）を入れた熱湯でゆで、水にとってしぼる。細かく刻み鍋に入れ、塩を加えてから炒りし、ごはんにさっくりまぜる。

切り干し大根の甘酢サラダ

● **材料**（1単位）
切り干し大根（乾）… 25g
カニかまぼこ … 30g
玉ねぎ … $1/3$個（70g）
パプリカ（赤・黄）… 各$1/4$個（各30g）
A | 酢、砂糖 … 各大さじ3
　　| 塩 … 小さじ$1/3$
オリーブオイル … 大さじ1

● **つくり方**
1 切り干し大根は、水に15分ほどつけてもどす。長いものは切り、さっとゆでてしぼる。玉ねぎ、パプリカは縦に薄切り。カニかまぼこは1本を6つに割く。
2 ボウルに**A**をまぜ、**1**を入れて和える。オリーブオイルをまわしかけて冷蔵庫で味を落ち着かせる。

里芋の味噌汁

● **材料**（4人分）
里芋 … 2個（100g）
白菜 … 2枚（120g）
油揚げ … $1/2$枚
長ねぎ … 中$1/2$本（50g）
だし … 600㎖
味噌 … 大さじ3弱

● **つくり方**
1 里芋は5㎜厚さの輪切り。白菜は縦に3〜4等分に切り1㎝幅のざく切りにし、軸の部分と葉に分ける。油揚げは熱湯をかけて細切り、長ねぎは小口切りにする。
2 鍋にだしと里芋を入れて火にかける。里芋がやわらかくなったら白菜の軸の部分を入れ、しんなりしたら葉と油揚げを加え、弱火で5〜6分煮る。長ねぎを加え、味噌をとき入れる。

にんじんゼリー　→　P108

段取りメモ
1 にんじんゼリーをつくる。
2 切り干し大根をもどす間にほかの材料を切り、甘酢サラダをつくる。
3 味噌汁の具を切って煮る。菜飯の大根の葉をゆで、炒めておく。
4 大根をおろし、ぶりを焼いてたれをからめる。
5 味噌汁を仕上げ、ごはんに大根葉をまぜる。

Menu 11

- 大根葉の菜飯
- 里芋の味噌汁
- ぶりの照り焼き
- 切り干し大根の甘酢サラダ
- にんじんゼリー

ぶりの照り焼き 献立

葉つきの新鮮な大根が手に入ったら菜飯がおすすめ。
ぶりは、薄く小麦粉をまぶすだけで、
たれがぐんとからみやすくなります。

（鹿児島友の会　片野田優子・鶴田久美子）

鰆のチーズ焼き 献立

材料すべてをフライパンに入れて焼く
メイン料理は、魚を手軽にいただける一品。
チーズがとろりとのった鰆は
子どもにも食べやすく、
ジュリアンスープは野菜の
うま味を存分に味わえます。

（相模友の会　加藤憲子）

- パセリライス
- ジュリアンスープ
- 鰆のチーズ焼き　ミニトマト、ブロッコリー添え
- かぼちゃのサラダ

Menu 12

鰆のチーズ焼き
ミニトマト、ブロッコリー添え

●材料（4人分）
鰆 … 4切れ
塩 … 少々
ミニトマト … 12個
ブロッコリー … $1/2$株（120 g）
ピザ用チーズ … 60 g
油 … 小さじ1

●つくり方
1　鰆に塩をふり、10分ほどおく。
2　ミニトマトは半分に切り、ブロッコリーは小房に分ける。
3　1の水けをキッチンペーパーで拭き、油を熱したフライパンに並べ、焼き色がつくまで中火で焼く。
4　鰆を裏返し、まわりに2の野菜を並べ、水大さじ1（分量外）を注ぎ、ふたをして蒸し焼きにする。
5　鰆と野菜に火が通ったらチーズをのせてふたをし、チーズがとけたら器に盛りつける。

かぼちゃのサラダ

●材料（4人分）
かぼちゃ … $1/4$個（250 g）
玉ねぎ … $1/4$個（50 g）
マヨネーズ … 30 g
リーフレタス（ちぎる） … 適量

●つくり方
1　かぼちゃは皮つきのまま軽くラップをして、電子レンジに約5分かけ、1.5 cm角に切る。
2　玉ねぎは粗みじんに切って水にさらし、キッチンペーパーで水けを取る。
3　ボウルに1と2を入れ、マヨネーズで和える。
4　器にリーフレタスと3を盛る。

パセリライス

●材料（4人分）
ごはん … 700 g
バター … 20 g
パセリ … 2枝

●つくり方
1　パセリの葉は細かく刻み、キッチンペーパーで水けを取る。
2　熱々のごはんにバターと1を加えてまぜる。

ジュリアンスープ

●材料（4人分）
キャベツ … 2〜3枚（100 g）
にんじん … $1/3$本（50 g）
玉ねぎ … $1/4$個（50 g）
セロリ（茎） … 30 g
水 … 700 ml
固形スープの素 … 1個
ベイリーフ … 1枚
塩 … 小さじ$1/4$
胡椒、パセリ（みじん切り） … 各適量

●つくり方
1　キャベツとにんじんは5〜6 cm長さのせん切りにし、玉ねぎは薄切りにする。
2　セロリは5〜6 cm長さに切り、縦半分に切ってから斜めに薄く切る。
3　鍋に水と野菜、スープの素、ベイリーフを入れて火にかけ、野菜がやわらかくなったら塩、胡椒で味をととのえる。
4　器に盛りつけ、パセリをふる。

段取りメモ
1　ジュリアンスープをつくる。
2　鰆に塩をふり、おいている間にサラダをつくる。
3　鰆と野菜を焼き、パセリライスをつくる。
4　チーズ焼きは、食卓がととのってからチーズをとかす。

鮭のちゃんちゃん焼き

●**材料**（4人分）
生鮭…4切れ
塩、胡椒…各少々
玉ねぎ…1/2個（90g）
にんじん…1/4本（30g）
長ねぎ…1/2本（50g）
白菜…1/8個（200g）
しめじ…1袋（100g）
生椎茸…1/3袋（30g）
　…野菜は合わせて500g
バター…大さじ1（12g）
油…少々
A｜味噌…大さじ4〜5
　｜酒…大さじ4
　｜みりん…大さじ1
　｜砂糖…大さじ1/2

●**つくり方**
1 鮭は塩、胡椒をする。**A**をまぜておく。
2 玉ねぎは1cm厚さの輪切り、にんじんは5cm長さ2mm厚さの短冊切り、長ねぎは1cm幅の斜め切り、白菜は軸の部分はそぎ切り、葉はざく切り、しめじは小房に分ける。生椎茸は2〜3等分に切る。
3 フライパンにバターを入れて中火にかけ、**1**を焼く。両面に焼き色がついたら器に取り出す。
4 **3**のフライパンに油を足し、玉ねぎから生椎茸まで順に入れて炒める。
5 **4**の上に鮭をもどし入れ、**A**をまんべんなくかけてふたをし、1分蒸し焼きにする。ふたを取り、汁けをとばす。仕上げに好みでバター大さじ1（分量外）を足してもよい。

きゅうりとちくわの酢のもの

●**材料**（4人分）
きゅうり…2本（250g）
塩…小さじ1/2
ちくわ…1〜2本
A｜酢…大さじ1
　｜だし、または水…大さじ1
　｜砂糖…小さじ2

●**つくり方**
1 きゅうりは薄い輪切りにして塩をふる。しんなりしたら軽く水けをしぼり、合わせた**A**の中に入れる。
2 ちくわを薄い輪切りにして加え、全体をまぜる。
＊1％の塩をした薄切りきゅうりを冷蔵庫に常備しておくと、マヨネーズサラダや中華風サラダなどがすぐにつくれる。

豆腐のすまし汁

●**材料**（4人分）
豆腐…1/2丁（150g）
わかめ（水でもどしたもの）…30g
長ねぎ…適量
だし…600ml
塩…小さじ1/2
醤油…少々

●**つくり方**
1 豆腐はさいの目切り、わかめは2cm長さ、長ねぎは小口切りにする。
2 鍋にだしを入れて温め、塩と醤油で味をととのえる。豆腐とわかめを入れて火を止める。
3 食べる直前に長ねぎを加える。
＊長ねぎは小口切りにして冷凍しておくと便利。

段取りメモ
1 酢のもののきゅうりを切って塩をふり、ちくわを切る。Aの材料をまぜておく。
2 すまし汁のだしを沸かし、材料を切る。
3 ちゃんちゃん焼きをつくる。
4 酢のもの、すまし汁を仕上げる。

Menu 13

- ごはん
- 豆腐のすまし汁
- 鮭のちゃんちゃん焼き
- きゅうりとちくわの酢のもの

鮭のちゃんちゃん焼き献立

北海道の郷土料理"ちゃんちゃん焼き"は、
鮭と野菜に味噌だれをかけて
蒸し煮にしたもの。
本来、おおらかな料理なので、
野菜の種類はお好みでどうぞ。

（札幌第三友の会　廣瀬孝子）

41

Menu 14

- ごはん
- しじみの味噌汁
- 鯖の一夜干し
- 豆腐と野菜の卵とじ
- きんぴら

鯖の一夜干し 献立

グリルで焼く干ものは、
手間いらずでとてもおいしい一品です。
豆腐と野菜の副菜をたっぷり添えて、
しじみの味噌汁にすれば鉄分も補えますよ。

（土浦友の会　森 ひろみ）

鯖の一夜干し

● 材料（4人分）
鯖の一夜干し（半身）… 2枚
大根おろし … 160g
青じその葉 … 4枚
レモン … 4切れ

● つくり方
1　鯖1枚を半分に切り、グリルで焼く。
2　1を器に盛り、大根おろし、青じその葉、レモンを添える。

豆腐と野菜の卵とじ

● 材料（4人分）
絹ごし豆腐 … 1丁（300g）
白菜 … 3枚（200g）
にんじん … 1/3本（50g）
長ねぎ … 1本
しめじ … 1/2袋（50g）
卵 … 2個
A｜だし … 100㎖
　｜みりん、酒 … 各大さじ1
　｜醤油 … 大さじ2

● つくり方
1　豆腐は厚さ1cmのひと口大に切る。
2　白菜はひと口大、にんじんは4～5cm長さの細切り、長ねぎは斜めに薄く切る。しめじはほぐす。
3　鍋にAを入れて火にかけ、2を入れてふたをし、中火で煮る。
4　野菜に火が通ったら豆腐を入れ、温める。
5　4にといた卵をまわし入れて火を止め、ふたをして蒸らす。
6　卵が半熟になったら器に盛る。

段取りメモ
1　しじみの砂抜きをしておく。
2　きんぴら、卵とじをつくる。
3　鯖を焼いている間にしじみの味噌汁をつくる。

きんぴら

● 材料（4人分）
れんこん … 150g
ごぼう … 2/3本（100g）
にんじん … 1/3本（50g）
ごま油 … 大さじ1 1/2
A｜砂糖、醤油 … 各大さじ1 1/2
　｜酒、水 … 各大さじ1
酢 … 大さじ1
白すりごま … 適量
七味唐辛子 … 少々

● つくり方
1　れんこんは皮つきのまま使用し5cm長さに切る。縦においで薄く切り、繊維にそって幅5～7mmに切る。
2　ごぼう、にんじんもれんこんと同じ太さに切る。
3　フライパンにごま油を熱し、野菜を入れて軽く炒める。
4　3にAを加えて炒りつけるように煮る。
5　酢をまわし入れ、水けがなくなったら火を止め、すりごま、七味唐辛子をふる。

しじみの味噌汁

● 材料（4人分）
しじみ … 200～300g
青ねぎ（小口切り）… 少々
水 … 700㎖
好みで酒（またはみりん）… 小さじ1弱
味噌 … 大さじ2～2 1/2

〈下準備〉　ボウルにしじみが浸る程度の水を入れ、ざるに入れたしじみを入れて1時間以上砂抜きしたら、汚れた水を捨てて真水を注ぎ、1～2回振り洗いする。

● つくり方
1　鍋に水と砂抜きしたしじみを入れ、火にかける。
2　煮立ったらアクをのぞき、火を弱めて味噌をとき入れる。
3　酒を入れてねぎをちらし、すぐ椀によそう。

鯛のポシェ風 献立

ポシェはフランスの煮込み料理。
短い時間でおいしくなるよう蒸し煮にしました。
ヨーロッパの食卓を思わせる彩り豊かな献立です。

（名古屋友の会　前田洋子）

Menu 15

- ロールパン
- 鯛のポシェ風　彩り野菜添え
- ポテトサラダ
- 紫キャベツのザワークラウト風

鯛のポシェ風
彩り野菜添え

●**材料**（4人分）
鯛 … 4切れ（1切れ80〜90g）
塩、胡椒 … 各少々
A｜ベイリーフ … 1枚
　｜セロリの葉 … 2〜3枚
　｜白ワイン … 120mℓ
　｜水 … 120mℓ
ソース
　｜蒸し汁 … 水と合わせて180〜200mℓ
　｜バター … 大さじ1（12g）
　｜サワークリーム … 大さじ2 1/2（25g）
　｜塩、胡椒 … 各少々
ディル … 適量（1/2本くらい）
つけあわせ
さやいんげん … 1袋（100g）
カラーピーマンまたはパプリカ（赤・黄）… 各1個
塩 … 少々

●**つくり方**
1 さやいんげんは半分の長さ、カラーピーマンは縦に8等分に切って塩ゆでする。
2 鯛に軽く塩、胡椒をする。
3 鯛を鍋に並べてAを入れ、ふたをして7〜8分蒸し煮にする。
4 ソースをつくる。**3**の蒸し汁を180〜200mℓ（足りない場合は水を足す）別鍋にとり、バター、サワークリームを加えて火にかけ、軽く煮詰め、塩、胡椒で味をととのえる。
5 蒸した鯛を器に盛ってソースをかけてディルを飾り、**1**を添える。

段取りメモ
1 ザワークラウトをつくる。
2 ポシェの野菜とポテトサラダの材料を切ってゆでる。
3 ポシェを火にかけている間に、ポテトサラダを和える。

ポテトサラダ

●**材料**（つくりやすい分量）
じゃが芋 … 3個（300g）
にんじん … 1/3本（50g）
A｜レモン汁 … 小さじ2
　｜塩 … 小さじ1/3
きゅうり … 1本（120g）
玉ねぎ … 1/6個（30g）
マヨネーズ … 60g
トマト … 中1個
リーフレタス（ちぎる）… 適量

●**つくり方**
1 じゃが芋は1cmのさいの目切り、にんじんは7mmのさいの目切りにして一緒にゆでる。やわらかくなったらざるにとり、Aで下味をつけておく。
2 きゅうりは塩少々（分量外）をふり板ずりし、7mmのさいの目に切る。
3 玉ねぎはみじん切りにし、ふきんまたはキッチンペーパーに包み流水でさらす。
4 トマトはくし切りにする。
5 **1**〜**3**をマヨネーズで和え、器にリーフレタスを敷いて盛りつけ、**4**を添える。

紫キャベツのザワークラウト風

●**材料**（つくりやすい分量）
紫キャベツ … 1/3玉（300〜400g）
塩 … 小さじ1強
A｜酢 … 100mℓ
　｜砂糖 … 大さじ1
　｜塩 … 小さじ1弱
　｜ベイリーフ … 1枚
　｜粒胡椒（黒）… 少々

●**つくり方**
1 紫キャベツはせん切りにし、ボウルに入れて塩をふってもみ、10分ほどおく。
2 **1**をざるに移してたっぷりの熱湯をかけて箸でまぜ、水で冷やしてから固くしぼる。
3 Aを煮立てて冷まし、**2**に入れ、箸で混ぜて30〜40分おく。
＊1週間はもつのでおべんとうにも便利。

❖ 中華風冷しゃぶ

たっぷり野菜と冷しゃぶを
手づくりのたれで

●**材料**(4人分)

豚ロース肉(しゃぶしゃぶ用)…300g
玉ねぎ…小 1/4個
春雨(乾)…40g
きゅうり…1/2本
トマト…1個
貝割れ大根…適量
たれ
| 醤油…大さじ4(60mℓ)
| 酢…大さじ2
| 長ねぎの白い部分(みじん切り)…大さじ1
| 酒、砂糖…各大さじ1
| ごま油…小さじ2
| にんにく(すりおろし)…1片分
| 胡椒、ラー油…各少々

●**つくり方**

1 玉ねぎは薄切りにして水にさらす。春雨は袋の表示通りにもどして食べやすい長さに切る。きゅうりはせん切りに、トマトは縦半分に切って6mm厚さのくし切りにする。
2 豚肉は80℃の湯にくぐらせて氷水につけ、キッチンペーパーで軽く押さえて水けを取る。
3 器に玉ねぎときゅうり、春雨を盛りつけ、**2**をのせる。トマトと貝割れ大根を添える。
4 たれの材料をまぜて、**3**にかけていただく。
(下村淳子)

❖ 鶏の唐揚げ甘辛風

普段の唐揚げが甘辛だれで変身。
おべんとうにもうれしい一品

●**材料**(つくりやすい分量)

鶏もも肉(手羽中でも)…400〜450g
片栗粉、揚げ油…各適量
たれ
| 砂糖、醤油…各大さじ3
| 酒、水…各大さじ1
| みりん…大さじ2
| 塩、胡椒…各少々
ごま、貝割れ大根…各適量

●**つくり方**

1 鶏肉を食べやすい大きさに切り、片栗粉をもみ込むようにまんべんなくつける。
2 180℃の油でからりと揚げ、油をきる。
3 たれの材料を合わせ、電子レンジに2分かける。**2**が熱いうちにたれにからめてごまをふって器に盛り、貝割れ大根を添える。
(前田洋子)

❖ 鯖のチリソース炒め

サクサクの鯖に
風味豊かなチリソースをからめて

● **材料**（4人分）
鯖…3枚おろし1尾分（約300g）
片栗粉…適量
長ねぎ、生姜、にんにく（すべてみじん切り）
　…各大さじ1
A｜酒、豆板醤、砂糖…各小さじ1
　｜トマトケチャップ、水…各大さじ4
　｜塩…小さじ 1/4
　｜片栗粉…小さじ 1/2
ニラ… 1/2 束
揚げ油…適量

● **つくり方**
1　鯖は小骨を取り、ひと口大のそぎ切りにする。水けをキッチンペーパーで拭き取り片栗粉を薄くまぶす。揚げ油を180℃に熱し、色よく揚げる。
2　鍋の油を大さじ2ほど残し、長ねぎ、生姜、にんにくを香りが立つまで炒める。Aを加え、煮立ったら**1**を入れて手早くからめる。
3　ニラをゆでて、4㎝長さに切って添える。
（三田陽子）

❖ 鯖の彩り焼き

マヨネーズで和えた野菜をのせると
しっとりして風味豊かに仕上がります

● **材料**（4人分）
鯖…4切れ
酒…大さじ1
塩…少々
にんじん…20g
ピーマン…1個
マヨネーズ…大さじ3

● **つくり方**
1　鯖は酒と塩で下味をつけておく。
2　にんじんとピーマンはせん切りにして電子レンジに約1分かけ、マヨネーズで和える。
3　グリルにアルミホイルを敷いて**1**を並べ、八分通り焼いたら**2**をのせて、焼き色がつくまで焼く。
（降籏道子）

column 1

買い物から帰ったら……
ちょっと手を動かして先手仕事を！

買い物から帰ってきたら、野菜をしまう前に、洗う、皮をむく、切っておく、
冷凍するなどちょっと手を動かしておくと、
忙しい日もパッと料理にとりかかれます。
冷蔵庫に入れる前のひと手間で、日々がラクになりますよ。

◎玉ねぎの皮をむく

玉ねぎは使う分だけ皮をむき、保存袋に入れて冷蔵庫の野菜室へ。すぐ使わない場合は皮つきのまま常温で保存。ピーマンやトマトも洗って水けを拭き取り保存しておくとすぐ使える。

◎青菜を洗う

青菜はボウルにはった水の中でよく洗い、水けをしっかりきって新聞紙などに包み、冷蔵庫の野菜室に立てて保存。小松菜やほうれん草は、根元に十字の切り込みを入れてから洗うと、土がよく落ちる。

◎キャベツやにんじんを切る

キャベツはざく切りにしておくと、炒めものや味噌汁に使いやすい。にんじんはいちょう切りや拍子木切りなどにしておけば、いろいろな料理にすぐ使える。洗って切って、保存容器に入れて冷蔵庫へ。

◎きのこはほぐして干して冷凍

石づきを取ってほぐす、薄切りにするなど、きのこは食べやすいサイズに。ざるに広げて2〜3時間ほど天日に干すとうま味が増す。保存袋に入れて冷凍し、使うときは凍ったまま鍋の中へ。

2

みんな大好きなカレーや丼もの、
チャーハンやお寿司の献立を
集めました。
ごはんものだけでなく、
野菜たっぷりの汁ものや副菜で
偏りのない食事を。

ごはんものの献立

お肉たっぷりのレトロハヤシ。
デミグラスソース缶があると短時間で調理でき、本格的な味わいです。
多めにつくって、翌日バゲットにのせていただくのもおすすめ。

（松江友の会 澤江典子）

ハヤシライス献立

ハヤシライス

● **材料**（5～6人分）
牛切り落とし肉 … 400g
玉ねぎ … 2個（400～450g）
にんにく（みじん切り）… 大1片
油 … 大さじ1～2
赤ワイン … 50㎖
A｜デミグラスソース … 1缶（約300g）
　｜トマトケチャップ … 1/4カップ（60g）
　｜ベイリーフ … 1枚
　｜固形スープの素 … 1個
塩 … 小さじ1
胡椒 … 少々
バター … 20g
ごはん … 適量

● **つくり方**

1 牛肉はひと口大に切り、軽く塩、胡椒（共に分量外）する。玉ねぎは薄切りにする。
2 フライパンまたは厚手の鍋に油を熱してにんにくを炒め、香りが出たら牛肉を加えてよく炒める。
3 玉ねぎを加え、しんなりするまで炒めたら赤ワインをまわし入れ、さらによく炒める。
4 Aを加えてまぜ、塩、胡椒を入れ、ふたをして弱火で10分ほど煮込む。
5 仕上げにバターを加え、味をととのえる。
6 器にごはんを盛り、**5**をかける。

段取りメモ
1 ハヤシライスの材料を切り、サラダのブロッコリーをゆでておく。
2 ハヤシライスを煮込んでいる間に、サラダを仕上げる。

\翌日のお楽しみに/

ハヤシソースの
オープンサンド

● つくり方
厚めに切ったバゲットにレタスとハヤシソースをのせる。
＊好みでトマト、ゆで卵などをトッピングしてもいいし、ピザ用チーズをのせて焼いても。

フルーツサラダ

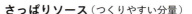

● **材料**（4人分）
ルビーグレープフルーツ … 1個
キウイフルーツ … 2個
ブロッコリー … $1/2$ 株
レタス … $1/2$ 個（200g）
紫玉ねぎ … $1/2$ 個（100g）
さっぱりソース（つくりやすい分量）
A｜薄口醤油（または醤油）、酢、みりん
　　… 各100mℓ

● つくり方
1　Aを煮立たせてさっぱりソースをつくり、冷ましておく。
2　ブロッコリーは小房に分け、水1Lに塩小さじ1（分量外）を入れてゆでる。
3　グレープフルーツはまわしながら皮をむき、薄皮と実の間に包丁を入れて実を切り取る。
4　キウイフルーツは輪切り、レタスはくし切り、紫玉ねぎは薄切りにする。
5　器にフルーツと野菜を盛り、1をかける。
＊フルーツは1人50～70gが目安。
＊さっぱりソースは生野菜サラダや冷奴、蒸し料理などにも。冷蔵庫で1～2カ月保存できる。

サラダには、材料をまぜ合わせるだけのオーロラソースもおすすめ。

オーロラソース
● **材料**（つくりやすい分量）
マヨネーズ … 大さじ3
トマトケチャップ、酢 … 各大さじ2

ごはんもの

グリーンカレー

●**材料**（4人分）
鶏もも肉 … 1枚（300 g）
なす … 2本
ゆでたけのこ … 100 g
しめじ … 1袋
ピーマン … 2個
パプリカ（赤）… 1個
＊野菜は合わせて 400 g
グリーンカレーペースト … 50 g
バイマックル（こぶみかんの葉）またはバジル … 適量
油 … 大さじ 2
ココナッツミルク … 1缶（400 ml）
水 … 300 ml
鶏がらスープの素 … 小さじ 2
ナンプラーまたは醤油 … 大さじ 1
砂糖 … 小さじ 1
ごはん … 適量

●**つくり方**
1 鶏肉、なす、たけのこ、ピーマン、パプリカはひと口大に切る。しめじは小房に分けておく。
2 鍋に油とグリーンカレーペーストを入れて火をつけ、弱火で香りが出るまで炒める。
3 鶏肉、なす、たけのこ、しめじを加え、グリーンカレーペーストがからむように炒める。ココナッツミルク、水、スープの素、バイマックルを加えて中火で具材に火が通るまで 15 ～ 20 分煮る。
4 火を止める前にピーマンとパプリカを加え、ひと煮立ちしたらナンプラーと砂糖で味をととのえる。
5 器にごはんを盛り、**4** をかける。

キャベツとカリカリベーコンのごまマヨ和え

●**材料**（4人分）
キャベツ … 5 ～ 6枚（300 g）
ベーコン … 2枚
パセリ（みじん切り）… 適量
塩、胡椒 … 各少々
A ｜ マヨネーズ … 大さじ 4
　　｜ 酢、砂糖、薄口醤油 … 各小さじ 2
　　｜ 白すりごま … 大さじ 2

●**つくり方**
1 キャベツは 3 cm くらいのざく切りにして、さっと湯通しして、水けをきる。
2 ベーコンは粗みじん切りにしてフライパンでから炒りする。**1** にベーコンを脂ごとかけて、軽く塩、胡椒をする。
3 **A** をまぜ合わせて **2** と和え、パセリをふる。

ヨーグルトゼリー → P108

段取りメモ
1 ヨーグルトゼリーをつくり冷蔵庫へ。
2 グリーンカレーをつくる。
3 煮込んでいる間にサラダをつくる。

グリーンカレー献立

短時間でできるタイカレーの決定版。ペーストを丁寧に炒めると香りと辛味が増します。辛みが苦手な人は、ペーストの量を減らして。わが家はそうめんでいただくのが好きです。

（新居浜友の会　鍋井通子）

ごはんもの

Menu 17

- グリーンカレー
- キャベツとカリカリベーコンのごまマヨ和え
- ヨーグルトゼリー

豚肉の照り焼き丼

●材料（4～5人分）
豚肉（生姜焼き用スライス）… 400g
薄力粉、片栗粉 … 各大さじ1 1/2
長ねぎ … 1本
A　醤油 … 大さじ3
　　みりん … 大さじ2
　　砂糖、酒 … 各大さじ1
油 … 大さじ2
焼き海苔（細切り）… 適量
ごはん … 適量

●つくり方
1 豚肉は食べやすい大きさにして粉をまぶす。Aをまぜておく。長ねぎは3cm長さに切る。
2 フライパンに油を熱して豚肉を両面焼き、その横で長ねぎも焼く。一度取り出してフライパンをさっと拭く。
3 Aを入れて火にかけ、少し煮詰めて**2**の豚肉をもどし入れ両面にからめる。
4 器にごはんを盛り、海苔を散らして豚肉、焼きねぎをのせる。

切り干し大根の卵焼き

●材料（4人分）（直径15cmのフライパン）
卵 … 4個
切り干し大根（乾）… 20g（もどしてひと口大に）
長ねぎ（粗みじん切り）… 1/2本
塩 … 小さじ1/3
ごま油 … 大さじ1
油（卵焼き用）… 大さじ1～2

●つくり方
1 フライパンにごま油を熱し、切り干し大根と長ねぎを炒め、塩で味つけしてボウルに取り出す。粗熱がとれたらといた卵と合わせる。
2 フライパンを拭き取り、油を熱して**1**を流し入れる。中央部分は、大きく円を描くようにまぜ、半熟状態まで加熱したら形をととのえて底面を香ばしく焼く。裏返して2～3分焼く。
3 器に取り、放射状に切って盛りつける。
＊卵焼き用のフライパンで巻きながら焼いても。

もやし、ニラ、にんじんのナムル

●材料（つくりやすい分量）
豆もやし … 1袋
ニラ … 1/2束
にんじん … 1/2本
A　白すりごま … 大さじ2
　　ごま油 … 大さじ1
　　醤油、鶏がらスープの素 … 各小さじ1
　　胡椒 … 少々

●つくり方
1 ニラは4cm長さに切り、にんじんは4cm長さのせん切りにする。
2 鍋に湯を沸かし、にんじんともやしを入れて約2分、ニラも入れてさっとゆでて、ざるにとる。
3 **2**の水けをきり、Aで和える。

かぶの甘酢漬け

●材料（4人分）
かぶ … 2～3個
塩 … 小さじ1/2
昆布（細切り）… 5cm分
甘酢（合わせておく）
　　酢 … 大さじ3
　　砂糖 … 大さじ1 1/2

●つくり方
1 かぶは薄いいちょう切りにして塩をふり、もんでおく。
2 **1**がしんなりしたらよくしぼり、昆布と一緒に甘酢に漬ける。

段取りメモ
1 かぶの甘酢漬けをつくる。
2 切り干し大根をもどしている間に、ナムルをつくる。
3 切り干し大根と長ねぎを炒め、冷ます間に照り焼き丼の肉に粉をまぶし、たれの材料をまぜる。
4 卵焼きをつくり、肉を焼いて照り焼き丼を仕上げる。

豚肉の照り焼き丼 献立

人気の照り焼き丼には、
野菜たっぷりのおかずを添えたいもの。
買いおきの切り干し大根、
つくりおき可能な甘酢漬けやナムルで、
食材と歯ごたえの変化も楽しみましょう。

（高岡友の会　堺谷礼子）

ごはんもの

Menu 18

- 豚肉の照り焼き丼
- 切り干し大根の卵焼き
- もやし、ニラ、にんじんのナムル
- かぶの甘酢漬け

Menu 19

- 天津飯
- セロリの中華風スープ
- 糸寒天ときゅうりの
  にんじんドレッシング

天津飯 献立

ふんわり卵の中は、肉とたっぷりの野菜で彩り豊か。
銀あんは、子どもや高齢者にもやさしいのど越しです。
身近な材料を使うので、家計にもやさしいメニュー。

（八幡浜友の会　和田智子）

天津飯

●**材料**（4人分）
豚こま切れ肉 … 150g
干し椎茸（水でもどす）… 3枚
ゆでたけのこ … 80g
にんじん … 1/3本（50g）
油 … 適量
長ねぎ … 1本
卵 … 4個
A｜砂糖、片栗粉 … 各小さじ2
　｜酒 … 大さじ2
　｜塩 … 小さじ1/2
銀あん
　｜だし（鶏がらスープでも）… 300ml
　｜醤油 … 大さじ2強
　｜砂糖 … 大さじ1/2
　｜酒、片栗粉 … 各大さじ1 1/2
グリーンピース（缶）… 各大さじ2〜3
ごはん … 適量

●**つくり方**
1 豚肉はひと口大、干し椎茸は薄切り、たけのことにんじんは5cm長さのせん切りにする。フライパンに油を熱して、順にさっと炒める。
2 長ねぎは小口切りにする。
3 ボウルに卵を割りほぐして**A**をまぜ、**1**と**2**を加える。
4 小鍋に銀あんの材料を合わせて火にかけ、沸騰させてとろりとさせる。
5 フライパン（15cm）に油を熱し、**3**を1人分ずつ流し入れ、卵に空気をふくませるようにまぜながら、半熟状態を残してふんわりと仕上げる。
6 器にごはんを盛り、その上に**5**をのせ、**4**をかけてグリーンピースをのせる。

段取りメモ
1 干し椎茸と糸寒天を水でもどす。
2 サラダの材料を切って冷やす。
　　にんじんドレッシングをつくる。
3 スープをつくりながら天津飯の材料を切る。
4 サラダ、スープ、天津飯の順に仕上げる。

セロリの中華風スープ

●**材料**（4人分）
セロリ … 1/2本
生椎茸 … 4枚
水 … 800ml
鶏がらスープの素 … 大さじ1
A｜酒 … 大さじ1
　｜塩 … 小さじ1
　｜胡椒、ごま油 … 各少々

●**つくり方**
1 セロリは斜め薄切り、生椎茸は薄切りにする。
2 湯を沸かし、スープの素、生椎茸を入れてひと煮立ちさせる。
3 アクをのぞき、**A**で味をととのえ、セロリを加えてひと煮立ちさせる。

糸寒天ときゅうりのにんじんドレッシング

●**材料**（4人分）
糸寒天（乾）… 10g
きゅうり … 1本（80g）
貝割れ大根 … 1パック
ミニトマト … 6〜8個
にんじんドレッシング（つくりやすい分量）
　｜にんじん（すりおろす）… 40g
　｜オリーブオイル … 大さじ2
　｜酢 … 大さじ1
　｜粉チーズ … 大さじ1
　｜白すりごま … 小さじ1
　｜塩 … 小さじ1/2
　｜胡椒 … 少々

●**つくり方**
1 糸寒天は洗ってたっぷりの水に10〜20分（袋の表示に従う）浸してもどす。よくしぼり、5cm長さに切る。
2 きゅうりは5cm長さの細切り、貝割れ大根は5cm長さ、ミニトマトは1/4に切って冷やす。
3 にんじんドレッシングの材料をまぜ合わせ、器に**1**と**2**を盛りつけてかける。

鯖缶のそぼろ丼 献立

北海道各地の友の会では昔から「魚飯(ぎょはん)」と呼んでいる丼。
いただくときは、ごはんとまぜて味わいます。
甘辛いそぼろとふんわり錦糸卵がよく合って、
だしいらずの夏野菜汁との相性もぴったり。

（札幌友の会　大浦美知留）

Menu 20
- 鯖缶のそぼろ丼
- 夏野菜汁
- モロッコいんげんの炒め煮

鯖缶のそぼろ丼

● **材料**（4人分）

鯖水煮缶 … 1缶（190ｇ）
干し椎茸（水でもどす）… 小4枚
しらたき … 100ｇ
ごぼう … 1/2本（70ｇ）
A｜砂糖、醤油 … 各大さじ2
　｜酒、みりん … 各大さじ1 1/2
油 … 大さじ2
錦糸卵
　｜卵 … 2個
　｜砂糖 … 小さじ1
　｜塩 … ひとつまみ
さやえんどう … 適量
いりごま … 適量
ごはん … 適量
＊紅生姜 …（好みで）適量

● **つくり方**

1　鯖缶は汁けをきり、身をほぐす。
2　干し椎茸は薄切り、しらたきはゆでて2cm長さに切る。ごぼうはささがきにする。
3　さやえんどうはさっとゆでて、せん切りにする。
4　錦糸卵はといた卵に砂糖と塩を入れて薄焼き卵をつくり、細く切る。
5　鍋に油を熱し、ごぼうが透き通るまで炒める。椎茸、しらたき、**1**を加えて**A**を入れ、汁けがなくなるまで炒める。
6　丼に盛ったごはんにごまをふり、**5**をのせ、錦糸卵、さやえんどう、好みで紅生姜を盛る。

段取りメモ

1　そぼろ丼の干し椎茸を水でもどしておく。
2　モロッコいんげんの炒め煮をつくる。
3　ゆでさやえんどう、錦糸卵をつくり、夏野菜汁の材料を切る。
4　そぼろ丼と夏野菜汁をつくる。

モロッコいんげんの炒め煮

● **材料**（4人分）

モロッコいんげん … 200ｇ
油揚げ … 1枚
A｜砂糖 … 大さじ1/2
　｜醤油 … 大さじ2
　｜酒、みりん … 各大さじ1
　｜水 … 100㎖
けずり節 … 5ｇ
油 … 大さじ1

● **つくり方**

1　モロッコいんげんは5〜6cm長さの斜めに切り、油揚げは熱湯をかけて縦半分に切り、2cm幅の短冊に切る。
2　鍋に油を熱していんげんを炒め、色鮮やかになったら**A**を入れ、ひと煮立ちしたら油揚げを加えてまぜる。
3　けずり節を入れてひとまぜし、落としぶたをして煮汁が少なくなるまで中火の弱で5分ほど煮る。
4　煮汁が少なくなってきたら火を止め、そのままおいて味をふくませる。

夏野菜汁

● **材料**（4人分）

きゅうり … 1本
ミニトマト … 8個
豚バラ肉 … 40ｇ
A｜水 … 800㎖
　｜昆布茶 … 小さじ1
みょうが（太めのせん切り）… 3個
青じその葉（ちぎる）… 4枚
ごま油 … 小さじ2
味噌 … 大さじ1 1/2〜2

● **つくり方**

1　きゅうりは皮をむき、縦半分に切ってスプーンで種を取り、5㎜厚さの斜め切り、ミニトマトは半分に切り、豚肉は細く切る。
2　鍋にごま油を中火で熱し、豚肉、きゅうりの順に炒め、**A**を加えて煮立ったらアクをのぞき、味噌を加えてときのばす。
3　みょうがとミニトマトを順に加えて軽く火を通し、椀に盛って青じその葉を散らす。

Menu 21

- タコライス
- チーズかぼちゃ
- 蒸し大豆と水菜のサラダ

タコライス 献立

タコライスは、メキシコ料理タコスの具材をごはんにのせた沖縄料理。
エスニック風味のタコミートと野菜のハーモニーが絶品です。
チーズかぼちゃは電子レンジでパッと仕上げ、蒸し大豆は市販品を使えば手軽です。

(松本友の会　降籏道子)

タコライス

●**材料**（4人分）
豚挽き肉…350g
にんにく（すりおろし）…小さじ2
A｜トマトケチャップ…大さじ4
　｜カレー粉…大さじ1強
　｜ウスターソース…大さじ2
　｜酒…大さじ1
　｜塩…小さじ1/2
　｜胡椒…適量
レタス…2枚
アボカド…1個
ミニトマト…8個
油…小さじ1
ごはん…適量

●つくり方
1　レタスはひと口大にちぎる。
2　アボカドは1cm角、ミニトマトは半分に切る。
3　フライパンに油を熱し、挽き肉とにんにくを炒めたら、Aを加えて味をととのえる。
4　器にごはんを盛り、レタスをのせ、3をのせる。
5　アボカドとミニトマトを彩りよくのせる。

チーズかぼちゃ

●**材料**（4人分）
かぼちゃ…1/5個（200g）
ピザ用チーズ…40g
A｜砂糖…小さじ1
　｜塩…少々

●つくり方
1　かぼちゃは皮つきのまま軽くラップをして電子レンジに約4分かける。
2　1をひと口大に切ってAをまぶし、チーズをのせ、チーズがとけるまで電子レンジに40秒ほどかける。
＊かぼちゃの甘煮でつくってもおいしい。

蒸し大豆と水菜のサラダ

●**材料**（4人分）
蒸し大豆（または水煮の大豆）…100g
水菜…60g
A｜酢（またはレモン汁）…大さじ1
　｜砂糖…小さじ1
　｜塩、胡椒…各少々
オリーブオイル…大さじ2

●つくり方
1　ボウルにAを合わせてまぜ、オリーブオイルを加えてドレッシングをつくる。
2　水菜は2cm長さに切って1に入れ、大豆を加えて和える。

ごはんもの

段取りメモ
1　タコライスの野菜を切り、チーズかぼちゃの1をおこなう。
2　サラダをつくり、挽き肉を炒めてタコミートをつくる。
3　チーズかぼちゃとタコライスを仕上げる。

カルシウム
チャーハン 献立

- カルシウムチャーハン
- レタスのスープ
- 春雨と鶏ハムのサラダ

Menu 22

ちりめんじゃこ、小松菜、納豆に多くふくまれる
カルシウムを、チャーハンで手軽にとりましょう。
スープのレタスは、火を通し過ぎずシャキシャキ感を楽しんで。

（広島友の会　三田陽子）

カルシウムチャーハン

●**材料**（2人分）
温かいごはん … 400g
　（冷たい場合は電子レンジで温める）
卵 … 1個
ちりめんじゃこ … 20g
小松菜 … 2〜3株（100g）
長ねぎ … 1/2本（40g）
納豆 … 30g
塩、醤油 … 各小さじ1
油 … 適量

●**つくり方**
1 ちりめんじゃこはざるに入れ、熱湯をさっとかけておく。
2 小松菜の茎の部分は5mmの小口切り、葉の部分は1〜2cmの細切りに。
3 長ねぎは縦半分にして小口切り、青ねぎの場合は3〜5mmの小口切りにする。
4 フライパンに油小さじ1を熱し、ときほぐした卵を入れてさっと炒め、ボウルに取り出しておく（半熟の部分が残ってもよい）。
5 油を少量加え、ちりめんじゃこ、小松菜の茎、葉の順に炒め、ごはんと長ねぎを加え、納豆を入れて炒めたら、塩、醤油で味をととのえる。最後に卵をもどしてまぜて仕上げる。
＊納豆にねばりがあるので、2人分ずつつくる方がパラリとおいしくできる。

段取りメモ
1 サラダをつくり、スープ、チャーハンの材料を切る。
2 チャーハンを炒め、食べる直前にスープを仕上げる。
＊鶏ハムは前もって用意。つくりおきを活用する。

レタスのスープ

●**材料**（4人分）
レタス … 2枚（60g）
生椎茸 … 4枚
長ねぎ … 10cm
水 … 600ml
A ｜ 鶏がらスープの素 … 小さじ2
　　｜ 薄口醤油 … 小さじ1
　　｜ 塩 … 小さじ1/3弱
　　｜ 胡椒 … 少々

●**つくり方**
1 レタスは3cm角にちぎり、生椎茸は1cmの角切り、長ねぎは青ねぎ部分を斜め薄切り、白ねぎ部分を小口切りにする。
2 鍋に水を入れて火にかけ、**A**を入れて煮立ったところに生椎茸、レタス、長ねぎを加え、すぐ火を止める。
＊仕上げにごま油少々を加えても。

春雨と鶏ハムのサラダ

●**材料**（4人分）
春雨（乾）… 10g（もどして70g）
白菜 … 2枚（150g）
きゅうり … 1/2本（50g）
パプリカ（赤）… 1/3個（30g）
＊もどした春雨と野菜は合わせて300g
鶏ハム … 80g（つくり方はP106）
A ｜ 醤油、酢、油 … 各大さじ1
　　｜ 砂糖 … 小さじ1
　　｜ 胡椒 … 少々

●**つくり方**
1 春雨は袋の表示通りにもどし、4〜5cm長さに切る。
2 白菜は、葉は繊維を断ち切るようにせん切りに、軸の部分は4〜5cm幅のそぎ切りにし、繊維にそってせん切りにする。
3 きゅうりは板ずりし、斜め薄切りにしてからせん切り、パプリカは4〜5cmのせん切り、鶏ハムは薄く切って4〜5cm長さのせん切りにする。
4 すべての材料をまぜ合わせて器に盛る。**A**を合わせたドレッシングを添える。

ごはんもの

Menu 23

- 火なし寿司
- しめじと三つ葉のすまし汁
- 鶏しんじょの煮もの
- 豆腐入りゴーヤサラダ

火なし寿司 献立

暑い日におすすめの火を使わないまぜ寿司です。
鮭フレークのほかに、鯖缶（味噌煮、醤油煮）を
ほぐしてまぜても。忙しい毎日でも
手軽に魚をとることができますよ。

（多摩友の会　山縣史子）

火なし寿司

●材料（4人分）
米…2カップ
昆布水…400㎖
酒…大さじ1
合わせ酢
　酢…大さじ3
　砂糖…大さじ1強
　塩…小さじ1

具
鮭フレーク…50g
きゅうり…1本
ちくわ…1本
みょうが…2個
いりごま…大さじ1
青じその葉…6枚

●つくり方
1 炊飯器に米、昆布水（昆布6㎝角と水であらかじめつくり、昆布は取りのぞく）、酒を入れ、30分～1時間おいて炊く。
2 きゅうりは薄い輪切りにして軽く塩（分量外）をふり、しんなりしたらしぼる。ちくわは薄い輪切り、みょうがは縦半分にしてせん切り、青じその葉もせん切りにし、飾り用に少しとっておく。
3 **1**が炊き上がったら飯台またはボウルに移して、熱いうちに合わせ酢をまわしかけ、切るようにさっくりとまぜる。うちわであおぎ、人肌くらいに冷ましたら、具の材料をすべてまぜる。器に盛りつけ、飾り用の青じそを散らす。

豆腐入りゴーヤサラダ

●材料（4人分）
　豆腐…1/2丁（150g）
　ゴーヤ…1本
　ツナ缶…1缶（70g）
　ごまドレッシング（市販）…適量

●つくり方
1 豆腐は水きりしておく。
2 ゴーヤは縦に切ってわたを取り、1～2㎜の薄切りにし、2％の塩（分量外）をまぶす。
3 くずした豆腐、よくしぼったゴーヤ、ツナをドレッシングで和える。

鶏しんじょの煮もの

●材料（12個分）
鶏挽き肉…200g
にんじん、ゆでたけのこ…各30g
干し椎茸（水でもどす）…小3枚
A｜水＋椎茸のもどし汁…500㎖
　｜醤油、砂糖…各大さじ1 1/3
　｜酒…大さじ1
B｜卵…小1個
　｜片栗粉、醤油…各小さじ2
　｜砂糖…小さじ2/3
小松菜…150g

●つくり方
1 鍋にAを入れてひと煮立ちさせる。
2 にんじん、たけのこは3㎝長さ、マッチ棒くらいの太さのせん切り、干し椎茸もせん切りにする。
3 ボウルに挽き肉とBを入れてよく練り、**2**を加えまぜる。肉だねから野菜がつんつん出てもOK。
4 **1**にスプーンですくった**3**を静かに入れる。中火で12～13分煮る。
5 2～3㎝長さに切った小松菜を**4**の鍋の端に入れ、ひと煮立ちさせる。

しめじと三つ葉のすまし汁

●材料（4人分）
しめじ…1袋
三つ葉…適量
だし…600㎖
塩…小さじ2/3
醤油…小さじ1

●つくり方
1 しめじはほぐしておく。三つ葉は3㎝に切る。
2 だしを煮立てて塩を加え、しめじを入れる。味をみて醤油を加える。
3 椀に三つ葉を入れ、**2**を注ぐ。

段取りメモ
1 昆布水で米を浸水させる。鶏しんじょの干し椎茸をもどし、サラダの豆腐を水きりする。
2 ゴーヤの下準備、鶏しんじょの材料を切る。
3 火なし寿司の具と合わせ酢の準備をする。
4 炊飯スイッチを入れ、炊き上がるまでに鶏しんじょ、すまし汁、サラダをつくる。
5 ごはんが炊けたら火なし寿司を仕上げる。

❖ 漬け丼

手間のいらないごちそう丼。
余った刺身でつくってもOK

● 材料（4人分）
まぐろ切り落とし…250g
A ｜ 醤油…大さじ2
　 ｜ みりん…大さじ3〜4
ごはん…適量
青ねぎ、青じその葉、いりごま、焼き海苔
　…各適量

● つくり方
1　**A**をまぜ合わせ、まぐろを20分ほど漬ける。途中表裏を返して味をなじませる。
2　器にごはんを盛って、**1**をのせ、漬け汁もまわしかける。小口切りのねぎと細切りの青じそ、ごま、海苔を散らす。
（大村あけみ）

❖ カレーピラフ

炒めることでうま味がプラスされる
カレー味の炊き込みピラフ

● 材料（4人分）
米…2カップ
玉ねぎ…1/2個
バター…30g
A ｜ マッシュルーム…6個
　 ｜ ウインナー…6本
B ｜ カレー粉…小さじ1 1/4
　 ｜ ターメリック…小さじ 2/3
C ｜ 水…420mℓ
　 ｜ 固形スープの素…1個
　 ｜ 塩…小さじ 1/3
　 ｜ 胡椒…少々
粉チーズ、パセリ（みじん切り）…各適量

● つくり方
1　米は研ぎ、ざるに上げて水けをきる。
2　玉ねぎはみじん切り、マッシュルームは薄切り、ウインナーは1本を4等分に切る。
3　鍋にバターを入れて玉ねぎをきつね色になるまで炒める。
4　**A**を加えて炒め、さらに**1**を加えて透き通るまで炒める。**B**をまぜて炊飯器に移す。
5　**C**を入れて炊飯スイッチを入れる。食卓で粉チーズ、パセリをふる。
（鍋井通子）

❖ 長芋とチーズのリゾット

長芋のねっとり感で
まろやかな口当たりに

● 材料（4人分）
ごはん…200g
スープ…水500㎖＋固形スープの素1個
玉ねぎ…1/4個（50g）
長芋…100g
ベーコン（薄切り）…30g
牛乳…100㎖
オリーブオイル…小さじ1
粉チーズ…大さじ1

● つくり方
1　玉ねぎはみじん切り、ベーコンは1cm幅、長芋は8mm角に切る。
2　鍋にオリーブオイルとベーコンを入れて中火で軽く炒め、玉ねぎを加えさらに炒める。
3　ごはん、スープ、長芋を加え沸騰したら弱火で15〜20分煮る。
4　牛乳とチーズを入れて味をみる。時々かきまぜながらさらに5分ほど煮て仕上げ、器に盛り、好みでみじん切りにしたパセリ（分量外）をふる。
（柿崎加子）

＊写真はゆでたいんげんを飾りました。

❖ 五目おこわ

やさしい味わいのおこわ。
季節の材料を加え、わが家の味に

● 材料（つくりやすい分量）
もち米…3カップ
水…480㎖
鶏肉…100g

A｜にんじん…1/4本（50g）
　｜干し椎茸…2枚
　｜ごぼう…1/5本（30g）

B｜酒、醤油
　｜　…各大さじ1

C｜酒…大さじ3
　｜醤油
　｜　…大さじ1 1/2
　｜塩…小さじ2/3

● つくり方
1　もち米は、水に浸けて30分おく。
2　鶏肉は酒小さじ1（分量外）をふって小さく切り、にんじんは3cm長さの細切り、干し椎茸は水でもどしてせん切り、ごぼうはささがきにする。
3　鍋に鶏肉、B、Aの順に加えて弱火で下煮し、水分をとばす。
4　炊飯器に1、C、3を加えてスイッチを入れる。
＊たけのこや栗など季節の食材30〜50gを加えても。
（廣瀬孝子）

ごはんもの

column 2

ほったらかしででき上がる！
忙しい朝におすすめ 野菜の蒸し焼き

フライパンに複数の野菜、オイル、水を少し入れ、ふたをして加熱するだけ。
調理は短時間なのに、さまざまな野菜が一度にとれて、栄養を逃しません。
（アドバイス：加藤憲子）

● **材料**（4人分）
ブロッコリー…1/2株（120g）
かぼちゃ…140g
にんじん…1/2本（80g）
玉ねぎ…1個（200g）
塩…ふたつまみ
オリーブオイル…小さじ2
水…大さじ2

● **つくり方**
1　ブロッコリーは小房に、かぼちゃは5mm厚さのくし切り、にんじんは3mm厚さの短冊切り、玉ねぎはくし形に切る。
2　フライパンに1を並べて塩をふり、オリーブオイルと水をまわし入れる。
3　ふたをして中火にかけ、1分ほどして湯気がまわったら中火の弱にする。
4　野菜に火が通ったらでき上がり。

おすすめの組み合わせ

★ 小松菜＋しめじ＋にんじん
★ キャベツ＋にんじん＋ベーコン
★ かぼちゃ＋さつま芋＋バター、
　はちみつトッピング

＼ポイント／

● 火の通りやすい野菜は厚め、通りにくい野菜は薄めに切ると同時に仕上がる。
● 水が足りなければ途中で大さじ1ずつ追加する。
● ごま油、バターなど、油を変えて味変を。
● ポン酢、マヨネーズ、粒マスタードなどでいただく。

卵料理を添えれば、バランスのよい朝食に。

3

ひとつの鍋で、野菜も肉もきのこも
食べられる鍋料理。
くたびれているときには、
簡単につくれる麺類もいいですね。
岩手のお雑煮、讃岐うどん、
広島のお好み焼きなど
郷土料理も合わせてお楽しみください。

鍋やスープ、麺類の献立

緑ちゃんこ鍋 献立

相撲部屋が集まる東京・墨田区あたりでは、
ちゃんこ鍋が家庭でも人気です。
青菜たっぷりのちゃんこと根菜たっぷりの炒りなます。
やさしい味つけで体が温まります。

（東京第四友の会　島田秀子）

鍋・スープ

■ 緑ちゃんこ鍋
■ 炒りなます

Menu 24

緑ちゃんこ鍋

● **材料**（4人分）
豚肉（しゃぶしゃぶ用）…300g
絹ごし豆腐…2丁（600g）
ほうれん草…1束（200g）
小松菜…1束（200g）
春菊…4株（100g）
ニラ…1束（100g）
＊青菜は合わせて600g
だし…1.2L
A｜醤油…大さじ4
　｜みりん…大さじ4 $\frac{2}{3}$
　｜砂糖…大さじ $\frac{1}{2}$
　｜にんにく（薄切り）…1片

● **つくり方**
1　ほうれん草はさっとゆでて4～5cm長さに切る。ほかの青菜も4～5cm長さに切っておく。豆腐は1丁を8等分する。
2　鍋にだしとAを入れてひと煮立ちさせる。
3　豆腐、豚肉、青菜の順に入れ、中火の弱でくつくつ煮る。

しめのうどん

● **材料**（4人分）
ゆでうどん…2～3玉
薬味
　｜長ねぎ、青ねぎ（各小口切り）、
　｜七味唐辛子…各適量

● **つくり方**
具材を食べ終わったら最後にうどんを入れてひと煮立ちさせ、薬味と一緒にいただく（味が薄かったら醤油適量を加える）。

段取りメモ
1　炒りなますの材料を切り、ちゃんこ鍋の具材を用意する。
2　ちゃんこ鍋の肉と青菜を煮ている間に、炒りなますを炒める。
　　または、炒りなますを仕上げてから、テーブル上でちゃんこ鍋をつくる。

炒りなます

● **材料**（4人分）
ごぼう … 2/3本（100g）
にんじん … 1/3本（50g）
れんこん … 100g
きくらげ（乾）… 30g
しらたき … 100g
油揚げ … 1枚
油 … 大さじ2
だし、または水 … 大さじ3
A｜醤油 … 大さじ2
　｜砂糖、みりん、酒 … 各大さじ1
酢 … 大さじ1 1/2

● **つくり方**

1 ごぼうとにんじんは縦に7cmずつ十字に包丁を入れ、ピーラーでささがきにする。れんこんは薄い半月、またはいちょう切り、きくらげは水でもどして細切り。しらたきは熱湯にくぐらせて5～6cm長さ、油揚げは縦半分にして5～6mm幅に切る。

2 鍋に油を熱してごぼうをよく炒め、にんじん、れんこん、きくらげの順に入れ、しらたきと油揚げ、だしを加える。

3 野菜がしんなりしたら、**A**を加えて炒めながら味をなじませる。

4 火を止めて酢をまわし入れてよくまぜ、ふたをしてしばらく蒸らす。

鍋・スープ

column 3

かぶせておくだけ！
ふっくら保温調理の鍋帽子®

直径27cmまでの両手鍋に

短時間加熱した鍋を火から下ろしかぶせるだけで、煮込み料理はもちろん、ごはん炊きやデザート、さまざまな料理ができ上がる保温調理グッズ。沸騰させ続けないので、うま味と香りを逃さず、栄養分も損なわれません。また、火にかける時間を短くできるので、節電・節ガス効果も。保温中にほかの料理をつくったり、外出や睡眠時間の間に料理ができ上がるのも魅力です。

＊販売は全国友の会中央部
naboboushi@zentomo.jp

この本で鍋帽子を使用したレシピ

P33 >>> 金時豆の甘煮

P77 >>> 和風ポトフ

P106 >>> 鶏ハム

和風ポトフ 献立

子どもも食べやすい味噌味のポトフ。
甘みのある大豆のワイン煮と組み合わせると
バランスよく栄養がとれます。
ゆで大豆はまとめて煮て、
小分けで冷凍しておくのがおすすめ。

（小山友の会　坂本洋子）

Menu 25

- ごはん
- 和風ポトフ
- 大豆とレーズンのワイン煮
- 小松菜とニラのごま和え

和風ポトフ

● **材料**（4人分）
豚バラかたまり肉 … 300g
生姜 … 大1片
里芋（じゃが芋でも）… 4個（200g）
大根 … 1/5本（200g）
にんじん … 1本（150g）
ごぼう … 1/3本（50g）
こんにゃく … 150g
生椎茸 … 3〜4枚
長ねぎ … 1本
水 … 800㎖
赤味噌 … 50g
A｜砂糖 … 小さじ2
　｜醤油 … 小さじ1

● **つくり方**
1 豚肉は1㎝厚さ、生姜は薄切りにする。里芋は斜め半分に切って塩（分量外）でもみ、水洗いする（じゃが芋の場合は大きめに切る）。大根は4㎝長さに切って6〜8等分、にんじんは4㎝長さに切って4〜6等分に切り、ごぼうは1㎝厚さ4〜5㎝長さの斜め切り、こんにゃくは大きめの三角に切る。
2 生椎茸は半分、長ねぎは4㎝長さに切る。
3 厚手の鍋に**1**を並べ入れる。材料の頭が少し出るくらいの水を入れて火にかける。煮立ったらアクを取って弱火にし、ふたをして材料がやわらかくなるまで20分ほど煮る。
4 味噌を煮汁でとき入れ、**2**を加えてさらに弱火で15分ほど煮る。
5 **A**で味をととのえる。
＊鍋帽子（P75）を使用する場合は、**4**で生椎茸と長ねぎを加えて10分煮て火から下ろし、鍋帽子をかぶせて30分。最後に**A**で味をととのえる。

段取りメモ
1 ポトフの材料を切る。
2 ポトフ、ワイン煮の順で火にかける。
3 煮こんでいる間にごま和えをつくる。

大豆とレーズンのワイン煮

● **材料**（4人分）
ゆで大豆 … 1カップ（150g）
レーズン … 1/4カップ（30g）
白ワイン … 100㎖
砂糖 … 20〜30g
醤油 … 小さじ1

● **つくり方**
材料をすべて鍋に入れて火にかけ、沸騰後弱火で10分ほど煮ふくめる。

＜ゆで大豆＞

● **材料**（でき上がり5カップ弱）
乾燥大豆 … 2カップ（300g）
水 … 1.2L
塩 … 小さじ2/3

● **つくり方**
1 鍋に材料をすべて入れ、7〜8時間（ひと晩）つける。
2 中火にかけ、沸騰したらアクをすくい弱火にする。厚手の鍋の場合、途中で水60㎖（分量外）を2回加えながら約1時間ゆでる。圧力鍋の場合は沸騰後、10分ほど煮る。

小松菜とニラのごま和え

● **材料**（つくりやすい分量）
小松菜 … 1束（200〜220g）
ニラ … 1束（100g）
A｜白すりごま … 大さじ3
　｜砂糖 … 小さじ2
　｜醤油 … 大さじ2/3

● **つくり方**
1 小松菜とニラはそれぞれ2〜3㎝長さに切る。
2 鍋にたっぷりの湯を沸かし、**1**をさっとゆでる。冷水にはなして一気に冷まし、水けをしぼる。
3 **A**で和える。
＊小松菜とニラをほうれん草、春菊、白菜、キャベツ、もやし、さやいんげんなどにしても。

鍋・スープ

❖ 楽々鍋

豚肉とキャベツだけあれば、
手早くととのうお鍋。
味の決め手は"たれ"！

● **材料**（4人分）
豚バラ薄切り肉… 400g
キャベツ… 1/2個（600g）
水… 50㎖
レモン（スライス）… 2～3枚
たれ
　　醤油… 大さじ5（75㎖）
　　砂糖、酢、生姜汁… 各大さじ1
　　ごま油、白すりごま（半ずり）… 各大さじ2
　　長ねぎ（みじん切り）、りんご果汁… 各大さじ3
　　胡椒、一味唐辛子… 各少々

● **つくり方**
1 キャベツは1枚を3～4つにざっくりと切り、水けは残しておく。豚肉は大きめのひと口大に切り、塩と酒少々（共に分量外）をふりかける。たれの材料をまぜてなじませる。
2 鍋に水を入れ、キャベツをひと並べし、その上に豚肉を並べる…を交互にくり返す。一番上にレモンをのせてふたをして、強火にかける。肉に火が通ったら、たれをつけていただく。
（柿崎加子）

❖ ミルクスープ

隠し味の味噌が効いた
心も体も温まるスープ

● 材料（4人分）
かぶ … 1～2個
玉ねぎ … 1/2個
にんじん … 20g
粒コーン … 大さじ2
ブロッコリー … 小房2個
水 … 300㎖
固形スープの素 … 1個
牛乳 … 300㎖
味噌 … 小さじ1
塩 … ふたつまみ
胡椒 … 少々
片栗粉 … 大さじ1/2（同量の水でとく）

● つくり方
1　かぶは8つ切り、玉ねぎは5㎜厚さに切り、にんじんは5㎜厚さのいちょう切り、ブロッコリーはゆでて小さく切っておく。
2　鍋に湯を沸かし、スープの素とブロッコリー以外の野菜を入れて、好みのやわらかさになるまで火を通す。味噌を煮汁少量でとき入れ、牛乳も加える。温まったら塩と胡椒で味をととのえ、水どき片栗粉でとろみをつけて、ブロッコリーを加える。
（森 ひろみ）

❖ 満点ポタージュ

野菜も豆もごはんも入って
栄養満点！

● 材料（4人分）
玉ねぎ、にんじん、かぼちゃ、ゆで大豆、玄米ごはん
　… 各100g
A｜水 … 200㎖
　｜固形スープの素 … 1個
牛乳 … 250㎖
塩 … 小さじ1/4
胡椒、パセリ（みじん切り）… 各適量

● つくり方
1　玉ねぎ、にんじん、かぼちゃはひと口大に切り、Aと一緒に鍋に入れて煮る。
2　1がやわらかくなったら火を止め、粗熱をとってからミキサーにかける。
3　ゆで大豆、玄米ごはん、牛乳を加えてなめらかになるまで撹拌する。
4　3を鍋にもどして温め、塩、胡椒で味をととのえる。器に盛り、パセリをふる。
（澤江典子）

オイルサーディンパスタ

●**材料**（4人分）
スパゲッティ（乾）…320〜400g
オイルサーディン缶…2缶（200g）
レモン汁…大さじ2
小松菜…1束（200g）
オリーブオイル…大さじ4（缶の油を使ってもよい）
にんにく（薄切り）…2片
レーズン…大さじ2
A｜松の実、細かいパン粉…各大さじ4
　｜塩、胡椒…各少々
湯…2L
塩…大さじ1

●**つくり方**
1 オイルサーディンの油をきり、レモン汁をかけておく。
2 レーズンは洗ってぬるま湯に浸し、細かく切る。小松菜は4cm長さに切る。
3 鍋に湯を沸かして塩を入れ、スパゲッティをゆでる。途中で小松菜を加えてゆで上がりが一緒になるように、茎2分、葉1分ゆでる。
4 フライパンにオリーブオイルとにんにくを入れて弱火にかけ、にんにくが色づいたらサーディンをほぐしながら入れ、レーズンと**A**を加えてひとまぜする。
5 ゆで上がったスパゲッティと小松菜を**4**にからめる（塩味はゆで汁を加えて調整する）。
＊**4**と**5**は半量ずつ合わせるとつくりやすい。

野菜とフルーツのヨーグルト和え

●**材料**（4人分）
季節のフルーツ（キウイフルーツ、りんご、アボカド、オレンジなど）…500g
レタス…50g
ルッコラ…15g
水菜…15g
プレーンヨーグルト…200g
A｜マヨネーズ…大さじ2〜3
　｜塩…ひとつまみ

●**つくり方**
1 ざるにキッチンペーパーを敷き、ヨーグルトを入れ、下にボウルをおいて冷蔵庫で水きりする。
2 フルーツは1cm角に切る。レタスは食べやすい大きさにちぎり、ルッコラと水菜は2cm長さに切る。
3 器に野菜を敷き、フルーツ、**1**、**A**をまぜ合わせて盛りつける。
＊ヨーグルトは、30分の水きりでもOK。3時間〜ひと晩おくとさらに濃厚になる。水きり不要のギリシャヨーグルトを使っても。

段取りメモ
1 ヨーグルトを水きりする。
2 パスタの材料を切ってゆで、その間にヨーグルト和えの材料を切る。
3 パスタの具を炒め、麺と和える。
4 ヨーグルト和えを仕上げる。

オイルサーディンパスタ献立

缶詰でさっと準備ができ、手軽なのに満足度の高いパスタ。
サラダのヨーグルトはできるだけ水きりすると、
より濃厚な味になります。

（長野友の会　柿崎加子）

- オイルサーディンパスタ
- 野菜とフルーツのヨーグルト和え

Menu 26

麺

シーフード塩焼きそば

● **材料**（4人分）

中華麺 … 4玉
冷凍シーフードミックス … 200g（解凍不要）
玉ねぎ … 1個（200g）
チンゲン菜 … 2株（ニラや小松菜でも）
酒、中華スープの素 … 各大さじ1
塩、胡椒 … 各少々
ごま油 … 大さじ1強
オイスターソース … 小さじ2

● **つくり方**

1　玉ねぎは縦半分に切って薄切り（くし切りでも）、チンゲン菜は3cm長さに切る。
2　フライパンにごま油を熱して玉ねぎを炒め、シーフードを加えて炒めながら解凍する。チンゲン菜とオイスターソース以外の調味料、麺を加える。
3　麺がほぐれたらオイスターソースをまわしかけてまぜ合わせ、香ばしく仕上げる。

卵とコーンの中華風スープ

● **材料**（4人分）

卵 … 2個
クリームコーン（缶） … 300g
ベーコン（みじん切り） … 2枚
水 … 700ml
固形スープの素 … 1個
酒 … 大さじ4
塩、胡椒 … 各少々
片栗粉 … 大さじ1 1/3（同量の水でとく）
パセリ（みじん切り） … 適量

● **つくり方**

1　鍋に水、スープの素、酒、コーン、ベーコンを入れて火にかける。煮立ったら塩、胡椒で味をととのえ、水どき片栗粉を加えてとろみをつける。
2　卵をとき、細く円を描くように静かに流し入れる。ふんわり半熟状になったら全体をお玉でひとまぜして火を止める。
3　器に注ぎ、パセリをふる。

冷奴

● **材料**（4人分）

豆腐 … 1丁
ニラ醤油（つくりやすい分量）
　ニラ … 1束
　醤油 … 100ml

● **つくり方**

1　ニラは細かい小口切りにし、保存容器に入れて分量の醤油を注ぐ。
2　豆腐は切り分けて盛りつけ、食べる直前に1をかける。
＊ニラ醤油は2時間前につくると味がなじむ。冷蔵庫で数日保存できる。

じゃばらきゅうりの中華風

● **材料**（つくりやすい分量）

きゅうり … 5～6本
生姜 … 1片
にんじん … 1/3～1/2本
味つきザーサイ（薄切り） … 1/3カップ
＊塩漬けの場合は、表示通りに塩を抜く。
干し海老 … 大さじ2
醤油、砂糖 … 各大さじ2
酢 … 大さじ4（60ml）
ごま油 … 大さじ1 1/2

● **つくり方**

1　きゅうりは、じゃばら切り（2本の割り箸できゅうりをはさみ、割り箸に当たるまで斜めに切り込みを入れる。裏返して同じように切る）にし、塩（分量外）をふって数分おき水けをよくしぼる。
2　生姜とにんじんは細切り、干し海老はさっと洗ってみじん切りにする。
3　保存容器に1以外の材料と調味料を合わせ、1をひと口大に切って加え、上下を返しながら冷やす。
＊冷蔵庫で1日半ほど冷やして味をなじませる。

段取りメモ

1　じゃばらきゅうりの中華風とニラ醤油は、先につくって冷やす。
2　焼きそばの野菜を切り、スープをつくる。
3　焼きそばを一気に炒め、スープと副菜をそえる。

Menu 27

- シーフード塩焼きそば
- 卵とコーンの中華風スープ
- 冷奴
- じゃばらきゅうりの中華風

麺

シーフード塩焼きそば 献立

シーフードのうま味を際立たせた塩焼きそばは、
わが家で育んだシンプルレシピです。
冷奴にかけるニラ醤油は、サラダやゆで豚にも使えます。

（西宮友の会　片山幸子）

打ち込みうどん

●**材料**（4人分）
半生うどん…400g
鶏もも肉…200g
大根…1/4本（240g）
にんじん…1/2本（80g）
ごぼう…1/4本（40g）
里芋…2個（100g）
青ねぎ…20g
だし…1.6L
酒、みりん…各大さじ1 1/3
醤油…大さじ2

●**つくり方**
1　鶏肉は2cm角、大根とにんじんは4cm長さの厚めの短冊、里芋は7mm厚さの半月またはいちょう切り、ごぼうはささがきにする。
2　大きめの鍋にだしを入れ、酒、ごぼう、大根、にんじんを入れて、沸騰したら鶏肉を入れる。うどんは粉をふり落として入れて、里芋を加える。
3　再び沸騰して10分ほどたったら、みりんと醤油を加え、味をととのえる。
4　器に盛り、2cm幅の斜め切りにした青ねぎを散らし、熱々のうちにいただく。

わけぎの酢味噌和え

●**材料**（4人分）
わけぎ…200g
あさりのむき身（水煮缶でも）…80g
油揚げ…40g
酒…大さじ1/2
A　白味噌…60g
　　砂糖…20g
　　酢…大さじ2
　　ねり辛子…小さじ1/4〜1/2

●**つくり方**
1　わけぎは3〜4cm長さに切る。
2　鍋に水50mlと塩ひとつまみ（共に分量外）を入れ、1を根元の方から先にすべて入れ、箸でまぜながら火を通し、しんなりしたらざるに上げて冷まし、水けをしぼる。
3　あさりは鍋に入れ、酒を加えて火を通し、冷ます（水煮缶のあさりも同様にする）。
4　油揚げはフライパンで両面をカリッと焼き、縦半分に切ってから5〜7mm幅に切る。
5　ボウルにAをまぜ合わせ、2、3、4を入れて和える。

さつま芋のりんご煮

●**材料**（4人分）
さつま芋…200g
りんご、レモン…各1/2個
砂糖…20g
水…大さじ2

●**つくり方**
1　さつま芋は皮つきのまま1cm厚さの輪切り、または半月に切り、水にさらす。
2　りんごは皮つきのまま4つ割りにし、7mm厚さに切る。レモンは皮と種を取りのぞき、小さく切る。
3　鍋に2、砂糖、水を入れ、その上に1を並べ、落としぶたをして中火の弱で5分煮る。
4　途中、上下を替え、5分ほど煮て5分蒸らす。

段取りメモ
1　さつま芋のりんご煮をつくり、煮ている間にうどんと酢味噌和えの材料を切る。
2　うどんを煮込んでいる間に、酢味噌和えを仕上げる。

打ち込みうどん 献立

打ち立てのうどんを入れて煮込むから打ち込みうどん。
うどん県香川の郷土料理です。
家庭では市販の半生タイプの
讃岐うどんを使うとよいでしょう。
とろりとしたおつゆで温まります。

（丸亀友の会　佐柄和子）

麺

Menu 28
- 打ち込みうどん
- さつま芋のりんご煮
- わけぎの酢味噌和え

❖ 坦々そうめん

ごま香るピリッと辛い坦々ソースが
そうめんとよく合います

● 材料（4人分）
そうめん…300g
豚挽き肉…200g
なす…2本
長ねぎ…20㎝
生姜（みじん切り）…2片
A｜醤油…大さじ2 2/3
　｜豆板醤…小さじ1〜2／砂糖…小さじ2
白ねりごま…大さじ4
水…400㎖
油…適量

● つくり方
1　なすは1㎝角に切る。長ねぎは白髪ねぎにする。
2　フライパンに油を熱し、生姜と挽き肉を炒める。肉の色が変わったらなすを入れて炒め、Aと水を加え、ふたをして中火で7〜8分煮る。
3　火を止め、ねりごまを加えてまぜる。
4　そうめんはゆでて冷水にとり、水けをきって器に盛り、3をかけて白髪ねぎをのせる。
＊彩りに青ねぎをのせても。
（村田夫紀子）

❖ フライパンひとつで ナポリタン

具材を炒め、ケチャップ味のスープで
パスタをゆでるだけ。味がよくしみ込みます

● 材料（2人分）
スパゲッティ（乾1.4㎜）…160g
玉ねぎ…1個
ピーマン…2個
ウインナー…4本
にんにく（みじん切り）…1片
油…大さじ1
A｜水…500㎖
　｜トマトケチャップ…約100㎖
　｜コンソメスープの素…小さじ2
塩、胡椒、粉チーズ、パセリ（みじん切り）…各適量

❖ スパゲッティミートソース

シンプルながら味わい深いミートソース。
トマトに詰めて焼いたり、
春巻きの具にしても

● **材料**（4人分）
スパゲッティ（乾）… 280～400g
合挽き肉 … 200g
玉ねぎ … 1/2個（100g）
にんにく … 1片
セロリ … 100g
油 … 70㎖
赤ワイン … 100㎖
デミグラスソース … 1缶（約300g）

● **つくり方**
1 玉ねぎ、にんにく、セロリはそれぞれみじん切りにする。
2 鍋に油を入れて中火で熱し、玉ねぎ、にんにくを入れて色づくまで炒める。
3 セロリを加えて1～2分炒め、挽き肉を加えてさらに炒める。
4 肉の色が変わったら赤ワインを入れ、一度沸騰させてからデミグラスソースを加え、約30分とろ火で静かに煮込む。途中時々まぜて仁上げる。
5 スパゲッティをゆでてオリーブオイル少々（分量外）をからめ、器に盛り **4** をかける。
＊粉チーズをふったり、ハーブを添えても。
＊ソースレシピは『西洋料理のこつ』（小社刊）より
（和田智子）

● **つくり方**
1 玉ねぎは薄切り、ピーマンは輪切り、ウインナーは1本を斜め4～5等分にする。
2 フライパンに油を入れて中火にかけ、にんにくを入れて香りがたつまで炒める。玉ねぎ、ピーマンを入れて炒め、ウインナーも加えて軽く炒める。
3 **2**の中にまぜ合わせた **A** を注ぎ、沸騰させる。スパゲッティを半分に折ってパラパラと加え、軽くまぜてふたをする。
4 中火で時々まぜながら、表示のゆで時間より2～3分長めに煮る。最後にふたを取り、汁けがなくなるまでまぜながら炒める。
5 スパゲッティがちょうどよいかたさになったら、塩、胡椒で味をととのえて皿に盛りつけ、チーズとパセリをふる。
＊2人分ずつがつくりやすい。
（古賀サワ子）

いわてのお雑煮 献立

母から教わった根菜たっぷりのお雑煮は、
お正月に限らず冬の寒い日に食べたくなる味。
おもちは焼かずにやわらかくして入れます。

（盛岡友の会　澤田美子）

Menu 29

- いわてのお雑煮
- 里芋のごま煮
- きゅうりの塩昆布和え

いわてのお雑煮

● **材料**（4人分）
大根 … 1/6本（150〜180 g）
にんじん … 1/3本（50 g）
長ねぎ … 1本
ごぼう … 2/3本（100 g）
豚切り落とし肉 … 100 g
ほうれん草 … 3〜4株（80 g）
だし、または水 … 1.2 L
A｜醤油 … 大さじ1 2/3
　｜酒 … 大さじ1
　｜塩 … 小さじ1
もち … 4〜8切れ

● **つくり方**
1　大根とにんじんは3㎜厚さの半月切り（大きいものはいちょう切り）、長ねぎは小さめの斜め切り、ごぼうは斜め薄切り、豚肉は食べやすい大きさに切る。
2　ほうれん草はゆでて3㎝長さに切る。
3　鍋にだしを入れて中火にかけ、ごぼうを入れる。ごぼうが煮えたら大根、にんじん、豚肉を入れ、火加減を少し強くする。大根に火が通ったらAを加えて味をととのえ、最後に長ねぎを入れる。
4　もちは小袋に切り目を入れ（オーブンシートを敷いた耐熱容器にのせても）、電子レンジに1切れにつき30秒ほどかけ、少しやわらかくする。
5　4を3に入れて煮立て、好みのやわらかさになったらでき上がり。
6　椀に盛り、2をのせる。

里芋のごま煮

● **材料**（4人分）
里芋 … 400 g（正味250 g）
だし … 300 ㎖
白すりごま … 大さじ3
A｜酒 … 大さじ2
　｜みりん … 大さじ1
　｜醤油、砂糖 … 各小さじ2
さやいんげん … 1袋（100 g）
塩 … 少々

● **つくり方**
1　さやいんげんは長さを半分に切り、塩ゆでする。
2　里芋は食べやすい大きさに切る。
3　鍋にだしと里芋を入れ、火が通るまでじっくり煮る。
4　Aを加え、時々まぜながら煮る。
5　煮汁が半量ほどになったらすりごまを入れ、まぜながら汁けがなくなるまで煮る。
6　煮器に盛りつけ1を添える。

きゅうりの塩昆布和え

● **材料**（4人分）
きゅうり … 1本
塩 … ふたつまみ
塩昆布 … 6 g

● **つくり方**
きゅうりを薄い輪切りにして塩でもみ、塩昆布を加えて和える。

段取りメモ
1　里芋を切ってごま煮を火にかける。
2　お雑煮の具材を切り、鍋を火にかける。
3　煮ている間に、きゅうりの塩昆布和えをつくる。
4　お雑煮にもちを入れ、ごま煮を仕上げる。

広島風お好み焼き 献立

具材を順番に重ねて焼いていく、広島のお好み焼きを
ご紹介します。わが家では一人1枚はぺろり！
プロセス写真もありますので、休日などに家族一緒に
つくって楽しんでください。

（広島友の会　本宮幸子）

■ 広島風お好み焼き
■ 甘酢ミニトマト

Menu 30

広島風お好み焼き

●**材料**（4枚分）
生地
　薄力粉 … 120g
　水 … 240㎖
　みりん … 小さじ2
豚バラ薄切り肉 … 160g
キャベツ … 1/2玉（600g）
青ねぎ … 20g
もやし … 120g
中華麺 … 4玉
卵 … 4個
けずり節 … 8g
天かす … 40g
油 … 適量
お好み焼きソース、青のり、紅生姜 … 各適量
＊味の決め手はソース。広島のお好み焼きソースがおすすめ。

●**つくり方**
1　生地をつくる。ボウルに薄力粉、水、みりんを入れ、泡立て器でよくまぜる。そのまま30分ほどおき、生地を休ませる。
2　キャベツは2～3㎜幅10㎝長さのせん切り、青ねぎは小口切りにする。
3　材料がそろったらホットプレートで1枚ずつ焼く。

焼き方 → **P92**

甘酢ミニトマト

●**材料**（1単位）
ミニトマト … 200g
砂糖、酢 … 各小さじ2

●**つくり方**
1　トマトは湯むきする。へたを切り落とし、熱湯に10秒ほどつけて冷水にとり、皮をむく。
2　砂糖、酢をふりかけて軽くまぜ、しばらくおく。
＊トマトの甘みによって、砂糖は加減する。
＊レタスやサラダ菜、セロリの葉などを添えても。

段取りメモ
1　甘酢ミニトマトをつくる。
2　お好み焼きの生地をつくって休ませ、その間にキャベツと青ねぎを切る。
3　ホットプレートで焼く。

広島風お好み焼き 焼き方

具材さえ用意すれば、あとはどんどん重ねて焼くだけ。休日などにチャレンジしてみて！

1 ホットプレートを160〜180℃に温め、薄く油を塗る。1枚分の生地を大さじ1程度残してホットプレートに落とす。

2 お玉の背で中央から少しずつ外に向けて時計まわりに広げ、直径20cmくらいまで丸く伸ばす。

3 2の上にけずり節を散らす。

4 生地の上におさまるようにキャベツをのせる。

5 天かす→青ねぎ→もやしの順にのせる。

6 豚バラ肉を川の字におく。具材がすべてのったら、温度を200℃に上げる。

7 残した生地大さじ1をつなぎになるよう上から全体に散らしかける。

8 2本のへらで手前にひっくり返す。具材がはみ出たら生地の下に入れる。温度は160〜180℃。ふたをして7分蒸らす。

9 ホットプレートのあいている所に麺をおき、水大さじ1（分量外）をかけてほぐし炒め、丸く広げる。8をへらで持ち上げ、麺の上にのせる。

10 ホットプレートのあいている所に卵を1つ割って、へらで黄身をくずし丸く広げる。

11 卵の上にお好み焼きをのせ、卵が焼けたらひっくり返す。生地と卵はパリッとさせる。

12 ソースをぬり広げ、青のりをふりかけて完成！ 好みで紅生姜をのせる。次を焼く。

写真：本宮幸子

4

主菜はすぐに決まっても、
どんな副菜を組み合わせるか
迷うことも多いのではないでしょうか。
すぐにつくれる副菜から
スイーツまで、材料別に
日々のお助けレシピを紹介します。

毎日のお助け単品おかず

レシピいらずの青菜のおかず

毎日しっかりとりたい野菜の筆頭が、青菜。
ほうれん草、小松菜、ニラ、チンゲン菜、空芯菜、春菊……。
季節によってさまざまな青菜が登場します。味の変化がつけやすく、
簡単にできるのは和えものです。サッとゆでれば、その先は自由自在。
組み合わせを自分で楽しめるようになると、食卓がさらに豊かになります。

素材ひとつのシンプル和えもの

小松菜のおかか醤油和え

●材料（つくりやすい分量）
小松菜…1束（200g）
けずり節…1袋（5g）
醤油…適量

●つくり方
熱湯でさっとゆでた小松菜を3cm長さに切り、けずり節と醤油で和える。
＊ほうれん草、春菊、ニラでも。

ほうれん草の塩麹和え

ゆでたほうれん草を塩麹、または醤油麹で和える。小松菜、春菊、菜の花でも。

ニラのナムル

ゆでたニラを塩とごま油で和える。ナンプラーで和えてもOK。せり、つるむらさき、ほうれん草でも。

菜の花のマヨ醤油和え

ゆでた菜の花を、マヨネーズ、ねりごま、醤油で和える。

小松菜の海苔和え

ゆでた小松菜とちぎった焼き海苔を、めんつゆ、またはポン酢で和える。

チンゲン菜のオイスターソース和え

チンゲン菜はごま油を少し入れた湯でゆでる。ざるに上げて軽くしぼり、熱いうちにオイスターソースで和える。

ほうれん草のごま味噌和え

すりごま、味噌、砂糖、みりんをまぜたものと、ゆでたほうれん草を和える。小松菜、春菊でも。

基本のゆで方

鍋にたっぷりの湯を沸かし、葉の向きをそろえた青菜を茎から鍋に入れる。葉先まで鍋の中に入れ、ゆで上がったら、火を止めて菜箸などで全体を浸してざるに上げる。すぐに水にとって冷やし、しぼって水けをきる。このまま冷蔵・冷凍保存してもOK。

ほかの素材と合わせる和えもの・サラダ

ほうれん草とにんじんの白和え

●材料（つくりやすい分量）
ほうれん草…1束（200g）
にんじん…30g
A｜木綿豆腐…100g
　｜マヨネーズ…大さじ1
　｜醤油…小さじ1
　｜砂糖、塩…各少々

●つくり方
1　ほうれん草は3cm長さ、にんじんはマッチ棒程度の太さに切る。一緒にゆでて水にとり、しっかりしぼる。
2　ボウルにAを入れ、泡立て器でなめらかになるまでまぜ、食べる直前に1と和える。

野菜

ほうれん草の明太子和え
ゆでたほうれん草とほぐした明太子を和える。マヨネーズを加えてもよい。

せりとツナのサラダ
生のせりとツナをマヨネーズで和える。ツナはハムやカニかまぼこに変えても。青菜はパクチーでも。

小松菜とチーズのわさび醤油和え
ゆでた小松菜と細かくちぎったスライスチーズをわさび醤油で和える。焼き海苔をちぎってのせる。

春菊とささみのからし醤油和え
湯通しした春菊と、ゆでて割いたささみをからし醤油で和える。ごま油を少し加えても。

ネバネバトリオ和え
モロヘイヤとオクラをゆで、細かく切ってねばりを出す。めかぶを加え、めんつゆかポン酢で和える。

ほうれん草と炒り卵のサラダ
ゆでたほうれん草と塩味の炒り卵をマヨネーズ、またはドレッシングで和える。

青菜

「炒める」「焼く」「煮る」で、さらに青菜料理のバリエーションが広がります。

❖ ニラせんべい

香ばしく焼いて、おかずにもおつまみにも

● 材料（つくりやすい分量）
ニラ … 1束（100ｇ）
小麦粉 … 200ｇ
A ｜ 水 … 250 ㎖
　｜ 卵 … 1個
　｜ 味噌、砂糖 … 各大さじ1
　｜ 塩 … ひとつまみ
油 … 適量

● つくり方
1　ニラは1〜2㎝長さに切る。
2　ボウルにAを入れてよくまぜる。小麦粉と1を加えてまぜる。
3　フライパンに油を熱し、2を5㎜厚さで好みの大きさに何枚か広げる。中火で両面きつね色に焼く。
（柿崎加子）

❖ 小松菜と桜えびの炒めもの

さっと炒めるだけ。
桜えびの香りが青菜を引き立てます

● 材料（4人分）
小松菜 … 1束（200ｇ）
桜えび … 大さじ2
塩 … 小さじ1/3
酒 … 大さじ1
油 … 小さじ2

● つくり方
1　小松菜は3㎝長さに切る。
2　フライパンに油を熱し、桜えびを入れて香りが立ったら1を入れ炒める。塩と酒で味をととのえる。
＊桜えびの塩分によって塩は加減する。
（奈良銘子）

❖ 小松菜と油揚げの煮びたし

見た目よりずっと簡単。忙しいときこそつくってみて！

● 材料（4人分）
小松菜 … 1束（200ｇ）
油揚げ … 2枚
だし … 100 ㎖
塩、醤油 … 各小さじ1/2

● つくり方
1　小松菜は3㎝長さ、油揚げは縦半分にして1㎝幅に切る。
2　鍋にだしと1を入れ、ふたをして中火にかける。
3　煮立ってきたら塩と醤油で味をととのえる。
＊かぶの葉、水菜、大根の葉、白菜、おかひじきなどでも。しめじやえのき茸などのきのこ類を足しても。

芋

芋類は日もちして使いやすい食材。
大人も子どもも喜ぶ味つけで。

❖ じゃが芋のカレー煮

ごはんがすすむカレー味のおかずです。
新じゃがの季節にはぜひ！

● **材料**（4人分）
じゃが芋（あれば新じゃが芋）…500g
ゆで大豆…200g
A｜水…200㎖
　｜カレー粉、砂糖、酢…各大さじ1
　｜固形スープの素…1/4個
　｜塩…小さじ1/4

● **つくり方**
1 じゃが芋はよく洗い、皮つきのまま2～3㎝の角切りにする。
2 鍋にAとゆで大豆を入れて火にかけて煮る。沸騰したらじゃが芋を加えて、汁けが少し残るくらいまで煮て火を止める。すぐにふたをして、冷めるまで味をしみこませる。
（澤江典子）

❖ いもいもグラタン

ホクホクとろ～り、
いろんなお芋のおいしさを味わって

● **材料**（4人分）
じゃが芋、さつま芋、かぼちゃなど…合わせて500g
バター…10g
生クリーム…100～150㎖
A｜パン粉…大さじ3
　｜ピザ用チーズ…1カップ（100g）
塩…小さじ1/2
胡椒、パセリ（みじん切り）…各適量

● **つくり方**
1 芋類は食べやすい大きさに切り、耐熱皿に入れて軽くラップをし、電子レンジに7～8分かける。
2 **1**が熱いうちにバターと塩、胡椒をからめて生クリームを注ぐ。表面にAを散らして、200℃のオーブンで10分ほど、表面が色づくまで焼き、パセリをふる。
（廣瀬孝子）

野菜

根菜

芋類以外の根菜も、
常備しておきたい野菜。
味つけや調理法を変えて
たくさんとりましょう。

❖ れんこんのあちゃら

昔なつかしい家庭の味。
唐辛子の辛さが全体を引きしめます

●材料（4人分）
れんこん … 100g
A｜酢 … 大さじ2
　｜水、砂糖 … 各大さじ1
　｜塩 … ふたつまみ
　｜赤唐辛子（輪切り） … 1本分

●つくり方
1　れんこんは2mm厚さの輪切りにする。鍋に200mlの水と小さじ1の酢を入れ（共に分量外）、れんこんを加えて火にかける。沸騰後2分ゆでる。
2　Aをまぜておき、ゆで上がった1を漬ける。
（三田陽子）

❖ ごぼうとりんごのサラダ

意外な組み合わせですが、
さわやかな甘さであとをひく味わいです

●材料（4人分）
ごぼう … 2/3本（100g）
水 … 400ml
酢 … 大さじ1
りんご（皮つき） … 1/2個
レーズン … 30g
A｜プレーンヨーグルト … 大さじ1
　｜マヨネーズ … 大さじ2〜3
　｜塩、胡椒 … 各少々
サラダ菜 … 適量

●つくり方
1　ごぼうは斜めに薄く切ってからせん切りにして酢水（分量外）に放つ。
2　りんごは3等分にして5mm厚さのいちょう切り。レーズンはぬるま湯で洗っておく。
3　鍋に水と酢を入れて火にかけ、ごぼうを5分ほどゆで、水にさらして水けをきる。
4　ボウルにAをまぜ合わせ、2と3を加えてまぜ、サラダ菜を敷いた器に盛りつける。
（大村あけみ）

❖ にんじんのチヂミ

サクッと歯ごたえよく焼き上げます。
食卓に花が咲いたような彩りよい一品

●材料（4人分）
にんじん … 1本（160g）
小麦粉 … 60g
水 … 90㎖
油 … 適量
酢醤油
醤油、酢 … 各大さじ1

●つくり方
1 にんじんはせん切りにする。
2 小麦粉と水をまぜ、**1**を加えてまぜる。
3 フライパンに油を熱し、**2**を直径5㎝程度に何枚か広げて、両面色よく焼く。8枚ほどできる。
4 酢醤油をつけていただく。
（坂本洋子）

❖ 根菜の五目煮

そのまま小鉢でいただくのもよし、
まぜ寿司にしたり、木綿豆腐と炒め合わせても

●材料（つくりやすい分量）
ごぼう、にんじん、れんこん … 各100g
干し椎茸 … 5～6枚
油揚げ … 1枚
A 醤油 … 大さじ1 1/2
　　砂糖、みりん、酒 … 各大さじ1
　　干し椎茸のもどし汁＋水 … 130㎖

●つくり方
1 干し椎茸はできれば半日ほどかけて水でもどし、半分に切ってから薄切り。ごぼうとにんじんは太い部分は半月やいちょう切り、細いところは小口切りにする。ごぼうは水にさらして水けをきる。
2 れんこんは小さめのいちょう切りにし、さっと水にさらして水けをきる。油揚げはキッチンペーパーではさんで押して油分を取り、縦半分に切ってせん切りにする。
3 鍋に**A**を入れて中火にかけ、**1**と**2**をすべて入れ、箸でまぜながら20分ほど煮る。鍋底に少し汁けが残るくらいで火を止める。
＊冷蔵庫で4～5日保存できる。冷凍も可能。
＊彩りに三つ葉を飾っても。
（加藤憲子）

野菜

その他の野菜

旬の野菜をさまざまな食べ方で
たっぷりと。できるだけ簡単に
おいしくいただく方法を伝授します。

❖ キャベツのソテー 黄身ソース

卵黄が調味料。とろりとからんでまろやかに

● **材料**（4人分）
キャベツ … 1/2 玉（400g）
塩、胡椒 … 各少々
卵黄 … 4個分
醤油 … 小さじ4
油 … 大さじ2

● **つくり方**
1 キャベツはひと口大にちぎる。フライパンに油を熱してキャベツをさっと炒め、塩と胡椒で味つけする。
2 器に1人分ずつ**1**を盛りつけ、中央に卵黄をおいて醤油をかける。全体をよくまぜながらいただく。
＊残った卵白はから炒りしてまぜてもよい。または冷凍しておいてシフォンケーキなどに利用しても。
（澤江典子）

❖ 納豆サラダ

やわらかなキャベツを細く切るのがコツ。
この細さで歯ごたえが全然違います！

● **材料**（4人分）
キャベツ（あれば春キャベツ）… 1/2 玉（400g）
青じその葉 … 8枚
納豆 … 160g
マヨネーズ … 大さじ4〜6

● **つくり方**
1 キャベツと青じそは極細のせん切りにしてまぜ、氷水にはなしてから水けをきってパリッとさせる。
2 納豆は付属の辛子とたれ（または醤油）、マヨネーズを加えてまぜる。
3 器に**1**を盛り、**2**をかけてまぜながらいただく。
（杉山玉枝）

❖ なすの忘れ煮

茶筅に切り込みを入れてただ煮込むだけ。
多めにつくって常備菜にも

● **材料**（つくりやすい分量）
なす … 中5本
A だし … 250㎖
　 みりん … 50㎖
　 砂糖 … 大さじ1
　 醤油 … 大さじ2
　 塩 … 小さじ1/2

● **つくり方**
1 なすはへたの周囲にぐるりと切り込みを入れてガクを取り、茶筅のように縦に細く包丁を入れ、水にさらす。
2 Aを煮立てて**1**を入れ、落としぶたをして煮立つまでは強火、その後は弱火でやわらかく煮る。
＊冷たくして食べても。
（鍋井通子）

❖ 即席漬け

材料を合わせて塩でもむだけ。
季節によってみょうがや柚子の皮で香りづけを

● **材料**（つくりやすい分量）
キャベツ … 1/3玉（300g）
大根、にんじん、きゅうり、パプリカ（赤）… 各50g
＊野菜は合わせて500g
生姜 … 1片
赤唐辛子 … 1本
塩 … 小さじ1 1/2（野菜総量の1.5％）

● **つくり方**
1 キャベツは5㎝角のざく切り、大根、にんじん、きゅうりは4～5㎝長さの薄い短冊切り、パプリカは細切り、生姜はせん切りにする。赤唐辛子は種をのぞいておく。
2 ポリ袋にすべての材料を入れてよくもみ、空気を抜いて口をしばり、冷蔵庫で30分ほどおく。
＊冷蔵庫で5日ほど保存できる。
（森 ひろみ）

野菜

きのこ

ビタミンやミネラル豊富なきのこ類は、常備菜にしておくと、いつでも食卓で楽しめます。

❖ きのこのワインビネガー炒め

サラダのトッピングや
肉料理のつけあわせに大活躍！

● 材料（つくりやすい分量）
生椎茸…6枚
しめじ…2袋
にんにく（みじん切り）…1片分
オリーブオイル…大さじ4
A｜ ワインビネガー…大さじ2
　｜ 醤油…小さじ1/3
　｜ 砂糖、塩、胡椒…各少々

● つくり方
1　生椎茸は4つ割りに、しめじは小房に分ける。
2　フライパンにオリーブオイルとにんにくを入れて火をつけ、香りがたったら1を加えて強火で炒める。火が通ったらAを入れてひとまぜし、そのまま冷ます。
＊レモンスライスやグリーンを添えても。
＊冷蔵庫で4〜5日保存できる。
（廣瀬孝子）

❖ きのこ煮

ごはんのおともや、和えものに便利な常備菜。
3種類以上のきのこを使うとおいしい

● 材料（つくりやすい分量）
生椎茸、しめじ、えのき茸、エリンギ、
　ひら茸、なめこなど…合わせて400g
A｜ 砂糖、酒、醤油…各大さじ2

● つくり方
1　きのこは食べやすい大きさに切って鍋に入れ、Aを加えてまぜ、ふたをして弱火にかける。
2　きのこが蒸されて火が通り、水分が出てきたら、ふたをとって箸でまぜながら、水分が少し残る程度に煮詰める。密閉容器に入れて保存する。
＊刻んだ青ねぎを散らしても。
＊冷蔵庫で1週間保存できる。そば、うどんの具材にも。
（森 ひろみ）

海藻

日本の食卓に欠かせない海藻。
わかめだけでなく、さまざまなものをいただきましょう。

❖ もずくスープ

鶏がらスープでとっても簡単！
生のもずくでぜひつくってみて

● **材料**（4人分）
もずく（生）… 100g
鶏がらスープ … 600㎖
A｜酒 … 小さじ1
　｜薄口醤油 … 小さじ2/3
　｜塩 … 少々
青ねぎ、いりごま … 各適量

● **つくり方**
1 鶏がらスープにAを入れて煮立てる。
2 もずくは4等分してお椀に入れ、**1**を注ぐ。刻んだ青ねぎとごまを散らす。
（片野田優子）

❖ ひじきの煮もの（P27掲載）

たくさん食べられるやさしい味つけ。
卵焼きに入れたり巾着煮にしても

● **材料**（つくりやすい分量）
長ひじき（乾）… 40g
にんじん … 1/3本（50g）
油揚げ … 1枚
だし … 約400㎖
砂糖、醤油 … 各大さじ1
ごま油 … 小さじ1

● **つくり方**
1 長ひじきは水で10分もどして水けをきり、3〜4㎝長さに切る。にんじんは3〜4㎝長さのせん切り。油揚げは縦半分に切ってから細く切る。
2 鍋にごま油を熱し、中火でにんじん、ひじき、油揚げの順に炒め、ひたひたまでだしを加えて2分ほど煮る。砂糖を加えて少し煮てから醤油を加え、汁けがなくなるまで煮る。
＊小分けにして冷凍しても。
（加藤瑞枝）

豆・大豆製品・乾物

おからや高野豆腐はいつもと違う味つけで。
乾物は刻まなくてよいものも多く、
時短にもなります。

❖ ビーンズサラダ

豆と香味野菜を合わせたさわやかなサラダ。
市販のミックスビーンズを使えば簡単です

● **材料**（つくりやすい分量）
ゆで豆（大豆、いんげん豆、ひよこ豆、枝豆
　　　など）… 合わせて550g
玉ねぎ … 1/2個（100g）
セロリ … 1/2本（50g）
A｜塩 … 小さじ2/3
　｜酢 … 60mℓ
　｜オリーブオイル … 40mℓ

● **つくり方**
1　ボウルに **A** をまぜ合わせておく。
2　玉ねぎ、セロリは粗みじん切りにする。
3　**1** にすべての材料を入れて和える。
＊冷蔵庫で4日ほど保存できる。
（大村あけみ）

❖ おからのマヨネーズサラダ

レモンを効かせたマヨネーズ味。
おからは安価でお財布にもやさしい！

● **材料**（つくりやすい分量）
おから … 150g
キャベツ … 2枚（100g）
にんじん … 1/3本（50g）
きゅうり … 1本（100g）
ハム … 2枚
塩 … 小さじ1/2
レモン汁 … 大さじ1
マヨネーズ … 40g

● **つくり方**
1　鍋かフライパンにおからを入れ、へらでまぜな
がらから炒りし、冷ましておく。
2　野菜はすべて4cm長さのせん切りにし、ボウル
に入れて塩を加えてまぜ、しばらくおいてしんなり
したら水けをしぼる。
3　ハムは半分に切ってから5〜6mm幅に細く切る。
4　別のボウルにおから、ハム、**2** を入れ、レモン汁
とマヨネーズを加えてよくまぜる。
（加藤憲子）

❖ 高野豆腐の酢のもの

栄養価の高い高野豆腐は気軽にとりたい食品。
だしに浸けて電子レンジでもどします

● 材料（4人分）
高野豆腐…2枚
A｜だし…200㎖
　｜醤油…大さじ1/2
　｜みりん…大さじ1
しらす干し…20g
きゅうり…1本
塩…少々
B｜酢…大さじ1
　｜砂糖…大さじ1/2

● つくり方
1 耐熱容器に高野豆腐と**A**を入れ、電子レンジに約6分かけ、冷めたら短冊切りにする。
2 きゅうりは薄い輪切りにし、塩をふり軽くもんで水けをしぼる。
3 ボウルに**B**とすべての材料を入れて和える。
※高野豆腐は細切りタイプを使っても。
（降籏道子）

❖ 切り干し大根の洋風煮

なじみ深い乾物をケチャップ煮に。
お子さんにもぜひどうぞ！

● 材料（4人分）
切り干し大根（乾）…50g（もどしてひと口大に）
にんじん…1/3本（50g）
玉ねぎ…1/2個（100g）
ベーコン…3枚
干し椎茸（水でもどす）…2枚
ゆで大豆…1/2カップ
A｜切り干し大根のもどし汁…200㎖
　｜固形スープの素…1個
　｜トマトケチャップ…80㎖
　｜醤油…少々
油…適量
青ねぎ…少々

● つくり方
1 にんじん、ベーコンは5㎝長さの細切り、玉ねぎ、干し椎茸は薄切りにする。
2 鍋に油を熱し、ベーコンを炒め、椎茸とにんじん、玉ねぎを入れてさっと炒める。
3 切り干し大根の水けをしぼり、**2**に加える。
4 Aと大豆を加えてまぜ、ふたをして材料がやわらかく、汁けがなくなるまで20分ほど煮る。器に盛り、青ねぎを散らす。
（森 由美子）

豆・乾物

おべんとうに

つくりおきしておけば、
すぐにおべんとうに詰められるおかず。
もちろん普段の食卓でも大活躍です！

❖鶏ハム（P65掲載）

パスタに入れたり、パンにはさんだり、
サラダにも。万能なお助け食材

● **材料**（つくりやすい分量）
鶏むね肉…2枚（400g）
砂糖…大さじ2
塩…大さじ1
粗挽き黒胡椒…適量
A｜水…400mℓ
　｜ローズマリー（生）…2枝
　｜ベイリーフ…2枚
　｜粒胡椒（黒）…5〜6粒

● **つくり方**
1 鶏肉は皮を取りのぞき、砂糖、塩をよくすり込んで、粗挽き胡椒をふる。ポリ袋に入れて空気を抜き、冷蔵庫でひと晩おく。
2 鍋にAとさっと洗って常温にもどした**1**を入れて火にかける。沸騰したらふたをして、弱火で5〜8分ゆでる。火から下ろし、鍋帽子（P75）をかぶせて30分おく（鍋帽子がない場合は15分ゆでる）。
3 鍋帽子をはずし、スープにつけたまま冷ます。
『魔法の鍋帽子®』（小社刊）より

❖チキンナゲット

しっかり味のついたやわらかチキン。
大人も子どもも大好きな味です

● **材料**（4〜6人分）
鶏もも肉…2枚（600g）
A｜醤油、酒…各大さじ1
　｜塩…小さじ$1/2$
　｜カレー粉、トマトケチャップ、ウスターソース
　｜　…各大さじ$1/2$
B｜片栗粉、小麦粉…各大さじ3
油…大さじ2

● **つくり方**
1 鶏肉は皮と脂をのぞき、細切りか粗みじんに切る。
2 ボウルに**1**とAを入れてよくまぜる。Bを加えて、全体をまとめるように練りまぜる。
3 フライパンに油を引き、**2**を大さじ1ずつ形をととのえておき、火をつけて、両面色よく焼く。
＊リーフレタスやレモンスライスを添えても。
（澤江典子）

❖こんにゃくの辛煮

ピリ辛味がたまらないおかず。
表面に細かく切り目を入れると
味がよくからみます

● **材料**（つくりやすい分量）
こんにゃく（アクを抜く）… 1枚（250g）
A｜酒 … 70㎖
　｜みりん、醤油、ごま油 … 各大さじ1
赤唐辛子（輪切り）… 1本

● **つくり方**
1 こんにゃくの両面に3㎜幅の切れ目を斜めに入れてから、食べやすいサイズに切る。
2 鍋にこんにゃくを入れてから炒りし、**A**と赤唐辛子を加えて煮汁がなくなるまで炒りつける。
（島田秀子）

❖鶏レバーの生姜煮

生姜がきいた手づくりならではの味。
貧血予防に食べてほしい一品

● **材料**（つくりやすい分量）
鶏レバー … 200g
生姜（せん切り）… 20g
A｜醤油、酒、みりん … 各大さじ2
　｜砂糖 … 大さじ1
　｜水 … 100㎖

● **つくり方**
1 レバーは水で洗い、ひと口大に切って血をのぞく。
2 鍋に湯を沸かし、レバーを入れ、30秒ほどくぐらせたらざるにとって湯をきる。
3 鍋に生姜、**A**を入れて火にかけ、**2**を入れ、中火の弱で煮る。
4 アクをのぞきながら15分ほど煮て、鍋底に少し汁けが残るくらいで火を止める。
＊青じその葉やせん切りの生姜を添えても。
＊冷蔵庫で4～5日保存できる。
（加藤憲子）

スイーツ

ときにはお食後に、手づくりスイーツはいかがでしょう。簡単にできるものばかりを集めました。

❖ にんじんゼリー（P36掲載）

にんじんジュースと寒天でつくるゼリーは常温でもかたまる優れもの

● 材料（プリンカップ4個分）
にんじんジュース … 200㎖
水 … 200㎖
粉寒天 … 3g
砂糖 … 50g
レモン汁 … 大さじ1

● つくり方
1　鍋に水と寒天を入れて火をつけ、まぜながらよく沸騰させる。
2　砂糖を加え、とけたら火から下ろして、にんじんジュースを加え、レモン汁も入れてまぜる。カップに流して、冷蔵庫で冷やしかためる。
（鶴田久美子）

❖ ヨーグルトゼリー（P54掲載）

牛乳とヨーグルトと生クリームを合わせた、リッチでなめらかなゼリー

● 材料（プリンカップ4個分）
牛乳 … 100㎖
ヨーグルト … 100g
生クリーム … 100㎖
砂糖 … 30〜50g
コアントロー … 小さじ1
ゼラチン … 5g
水 … 50㎖
あればミントの葉 … 適量

● つくり方
1　ゼラチンを水でふやかしておく。ふやけたら電子レンジに10〜20秒かけてとかす。
2　ボウルに牛乳と砂糖を入れて泡立て器でまぜ、砂糖をとかす。
3　2にヨーグルト、生クリーム、コアントローを加える。
4　3に1を加えてよくまぜ、カップに注ぐ。冷蔵庫で冷やしかため、ミントを飾る。
（鍋井通子）

❖ いちじくの梅酒煮

旬の季節につくりたいコンポート。
少し煮るだけでとろりとやさしい味に

● **材料**（つくりやすい分量）
いちじく … 250g
梅酒 … 100mℓ
砂糖 … 大さじ2

● **つくり方**
1　いちじくは皮のままよく洗い、大きいものは半分に切り、鍋に並べる。
2　1に梅酒と砂糖を加え、オーブンペーパーで落としぶたをつくってかぶせ、弱火で約15分煮る。そのまま冷ます。
＊ミントの葉を添えたり、ヨーグルトやホイップクリームをかけても。
（片野田優子）

❖ 簡単しっとりバナナケーキ

材料を順番にまぜて焼くだけ。
ヨーグルトが入ってさっぱりとした味わいです

● **材料**（直径21cmのパイ皿または耐熱皿）
卵 … 2個
砂糖 … 50〜80g
プレーンヨーグルト … 200g
バナナ … 2本（5〜6mm厚さの輪切り）
薄力粉 … 100g
ベーキングパウダー … 小さじ1
油 … 50g

● **つくり方**
1　ボウルに卵を入れ、泡立て器でよくまぜたら砂糖、ヨーグルト、バナナの順に入れてまぜる。
2　ふるった薄力粉とベーキングパウダーを入れてまぜ、油を加えてまぜる。
3　2をパイ皿に入れ、200℃に温めたオーブンで20〜30分焼く。
（加藤憲子）

column 4

お母さんから届いた
献立の写真

本書は、全国友の会のお母さんたちの協力で生まれました。
献立とレシピを教えてくださったのは、北海道、青森県、岩手県、宮城県、栃木県、茨城県、東京都、神奈川県、長野県、静岡県、愛知県、富山県、奈良県、兵庫県、広島県、島根県、愛媛県、香川県、宮崎県、福岡県、鹿児島県に住む方たちです。
長年家庭で慣れ親しんできた味を、編集スタッフとメールや電話、手紙でやり取りしながら丁寧に教えてくださいました。その中で、レシピと共に「撮影の参考になれば」と送られてきた写真の一部をご紹介します。それぞれの家庭の温かな食卓風景です。

ご協力くださったみなさん

札幌友の会	大浦 美知留
札幌第三友の会	廣瀬 孝子
倶知安友の会	奈良 銘子
八戸友の会	村田 夫紀子
盛岡友の会	澤田 美子
仙台友の会	大村 あけみ
小山友の会	坂本 洋子
土浦友の会	森 ひろみ
東京第四友の会	島田 秀子
多摩友の会	山縣 史子
相模友の会	加藤 憲子
長野友の会	柿崎 加子
松本友の会	降籏 道子
浜松友の会	杉山 玉枝
名古屋友の会	前田 洋子
高岡友の会	堺谷 礼子
奈良友の会	真弓 和子
神戸友の会	下村 淳子
西宮友の会	片山 幸子
加古川友の会	加藤 瑞枝
広島友の会	本宮 幸子
広島友の会	三田 陽子
松江友の会	澤江 典子
新居浜友の会	鍋井 通子
八幡浜友の会	和田 智子
丸亀友の会	佐柄 和子
宮崎友の会	森 由美子
久留米友の会	古賀 サワ子
鹿児島友の会	片野田 優子
鹿児島友の会	鶴田 久美子

全国友の会

『婦人之友』読者の集まり。1930年創立。現在国内に173、海外に8の友の会があり、会員数は約13500人（2024年度）。「自由・協力・愛」をモットーに、健全な家庭からよりよい社会をつくりたいと、年代をこえて共に学び励み合っている。

『Diary for simple life』
B6版 1045円（税込）

『Diary for simple life』について

『Diary for simple life』（小社刊）は、118年前に『主婦日記』という名で、羽仁もと子によって創案された日記帳。毎日の出来事を記録するだけでなく、仕事や家事の予定を立ててスッキリ暮らすためのスケジュール帳＆家事ノートでもあります。巻末には、本書の企画のもとになった「四季の献立」のページがあり、毎年全国友の会会員が考案、日々の献立づくりに活用されています。

2025年版の『Diary for simple life』より

協力 ─────── 全国友の会

デザイン ─────── わたなべ ひろこ（Hiroko Book Design）
料理・スタイリング ── 太田晶子
料理アシスタント ─── 小山彩実
撮影 ─────── 中林 香
イラスト ─────── 本田 亮

30人のお母さんが贈る献立
まいにち健康おうちごはん
2025年2月15日　第1刷発行

編者 ─── 婦人之友社 書籍編集部
編集人 ── 菅 聖子
発行人 ── 入谷伸夫
発行所 ── 株式会社 婦人之友社
　　　　　〒171-8510　東京都豊島区西池袋2-20-16
　　　　　電話 03-3971-0101（代表）
　　　　　https://www.fujinnotomo.co.jp

印刷・製本 ── シナノ書籍印刷株式会社

©Fujin-no-tomo-sha 2025 Printed in Japan
ISBN978-4-8292-1073-4

乱丁、落丁はお取り替えいたします。
本書の無断転載、コピー、スキャン、デジタル化等の無断複製は著作権法の例外を除き禁じられています。